Dirk Ritter-Dausend

Scientology

Wissen, was stimmt

HERDER spektrum

Band 6289

Das Buch

Ist Scientology eine Kirche? Was ist Auditing? Welche Rolle spielen Hollywood-Stars für Scientology? Woran erkennt man, dass man es mit Scientology zu tun hat?
Das Buch erklärt Scientology, die Organisation, die Strategien und die Ideologie – und die davon ausgehende Gefahr. Die wichtigsten Fakten übersichtlich und zur raschen und verlässlichen Information von einem langjährigen Beobachter von Scientology.

Der Autor

Dirk Ritter-Dausend beschäftigt sich seit 1997 im Innenministerium des Landes Nordrhein-Westfalen mit Scientology. Er ist ein ausgewiesener Extremismus-Experte und Kenner von Scientology, der in zahlreichen Vorträgen und Gesprächen über die Gefahren der Organisation aufklärt.

Dirk Ritter-Dausend

Scientology

Wissen, was stimmt

HERDER

FREIBURG · BASEL · WIEN

Originalausgabe
© Verlag Herder GmbH, Freiburg im Breisgau 2010
Alle Rechte vorbehalten
www.herder.de

Umschlagkonzeption: R·M·E Eschlbeck
Umschlaggestaltung: Verlag Herder
Umschlagmotiv: © Corbis
Layoutkonzeption: rsrdesign, Wiesbaden

Herstellung: fgb · freiburger graphische betriebe
www.fgb.de

Gedruckt auf umweltfreundlichem, chlorfrei gebleichtem Papier
Printed in Germany
ISBN 978-3-451-06289-6

Inhalt

Einleitung

Das System Scientology und seine Gefahren

In den USA wurde die Scientology-Organisation nach ihrer Gründung im Jahr 1954 zunächst belächelt, kritisiert und geächtet. Mittlerweile ist Scientology durch die konsequente Umsetzung ihrer Strategien, ihrer Expansionspläne und das sog. »Handhaben« von Kritikern zu einer gesellschaftlichen Institution, sogar mit Anerkennung der Gemeinnützigkeit, geworden. In ihrem Lichte zeigen sich sowohl Hollywood-Schauspieler als auch US-Präsidenten.

✳ 1954

Der Expansionskurs von Scientology geht indessen weiter: Nach scheinbar zaghaften Anfängen in Europa zeigt sich inzwischen die Gewaltigkeit von Scientology. Bereits an den Gebäuden, die die Organisation an strategisch wertvollen Standorten in Europa errichtet, lässt sich das Machtstreben der Organisation erkennen. Welche Ziele sind es, die Scientology in Europa und insbesondere in Deutschland verfolgt? Wie gefährlich ist Scientology für die deutsche Gesellschaft? Und welche Strategien setzt sie ein, um ihren Einfluss zu vergrößern?

Expansions-bestrebungen

Bei Scientology handelt es sich nicht um ein abstraktes Gebilde. Vielmehr ist die Organisation ein weit verzweigtes, straff organisiertes und überaus anpassungsfähiges Netzwerk, das durch seine Beharrlichkeit in immer weitere gesellschaftliche Bereiche vorzudringen vermag. Das vorliegende Buch erklärt das Netzwerk Scientology einschließlich seiner Unter- und Tarnorganisationen und den damit verbundenen Gefahren – gerade und auch für Deutschland.

Unter und Tarnorganisat.

Scientology verbreitet seine Botschaft inzwischen auch in der virtuellen Welt: subtil und zielgruppengerecht sendet die Organisation über Channels wie »You Tube« und »My Video«, in Blogs, Foren und Wikipedia ihre Botschaften. – Immer der Strategie folgend, dass gesellschaftliche Veränderungen nicht von den Rändern der Gesellschaft ausgehen, sondern aus ihrer Mitte heraus erfolgen.

*neue Medien zur
Werbung → Beispiel?*

*Veränderung durch
die Mitte*

Dies zeigt sich auch an den zahlreichen Hilfsangeboten der Organisation. Gerade in Zeiten von Immobilienmarkt- und Wirtschaftskrise, in denen das Geld für karitative Zwecke knapper wird, die Existenzängste zunehmen und viele Menschen ihre Arbeit verlieren, steht Scientology mit diversen Angeboten zur Lebensbewältigung bereit. Ein Slogan der Organisation lautet: »If you are not happy with life, you can find out why.« Dieses harmlos wirkende Versprechen dürfte viele Menschen ansprechen und verschleiert, dass Scientology ein gefährliches Netz der Abhängigkeit über ihre Mitglieder ausbreitet. Bei fehlenden Gegenmaßnahmen und mangelnder Aufklärung der Bevölkerung, könnte die Organisation mit ihren zahlreichen Angeboten daher letztlich zu den Krisengewinnern zählen.

Auch im Bereich der Wirtschaft könnte der Standort Deutschland Scientology zu einem Krisengewinner werden lassen. Wenn solide mittelständische Unternehmen zum »kleinen Preis« verkauft werden, dann ist nicht nur das Unternehmen gefährdet, sondern jeder Mitarbeiter dieses Unternehmens. Scientology strebt in letzter Konsequenz aber nicht danach, einzelne Unternehmen zu »befehligen«, das große Ziel ist es, *alle* Deutschen und letztlich alle Menschen für die scientologischen Ziele zu begeistern. Die scientologischen Expansionsbestrebungen gehen deshalb über alle Ländergrenzen hinweg und erstrecken sich weltweit. Dass Scientology über einen Wirtschaftsverband verfügt ist bekannt, aber das weitreichende Netz von Kontakten und Verflechtungen, welches in diesem Verband und damit in der Scientology-Organisation zusammenläuft, wird vielfach unterschätzt.

Wirtschaft

Politisch Einfluss zu nehmen ist für Scientology ebenso wichtig, wie wirtschaftliche Expansion. Scientology zeigt sich hier als beharrlich und geduldig: schon erste Kontakte zu Politikern werden als Erfolg verbucht. Darüber hinaus finanziert Scientology Lobbygruppen, um ihren politischen Einfluss zu mehren. Lobbyarbeit hat bei Scientology einen hohen Stellenwert. Politiker werden persönlich angeschrieben und mit Infor-

Politik

mationsmaterial, das den vermeintlich karitativen und religiösen Anspruch der Organisation darstellt, überschüttet. Auch bittet Scientology – sowohl offen als auch getarnt – um persönliche Gesprächstermine. In einem internen Strategiepapier der Organisation, das bei Bekanntwerden als unautorisierte Äußerung klassifiziert wurde, heißt es dazu:

Quelle prüfen?

> »*Um unsere planetarischen Rettungskampagnen in Anwendung zu bringen, müssen wir die obersten Ebenen der deutschen Regierung in Berlin erreichen, die nötigen Zufahrtsstraßen in das deutsche Parlament bauen, um unsere Lösungen tatsächlich eingearbeitet zu bekommen in die gesamte deutsche Gesellschaft.*«

Sprache

Krise als Start Up Möglichkeit

Unter Scientologen gelten Krisen als »Start-Up-Möglichkeit« und dies nicht nur im Wirtschaftsbereich. Eine Krise, ob persönlich oder gesellschaftlich, zeigt »Aberration« und diese wird von Scientology »gehandhabt«. Diese Begriffe klingen seltsam, sind aber wesentlicher Bestandteil des scientologischen Systems. Im Text werden daher einzelne Begriffe in ihrem jeweiligen Kontext verortet und erläutert. Eine Übersicht über die zentralen Begriffe von Scientology findet sich außerdem als Glossar am Ende dieses Buchs.

Kritiker

Kritiker sind rechtlos!

Kritiker werden von Scientology als Feinde betrachtet. Als solche sind sie nach Auffassung von Scientology rechtlos: Kritiker gilt es mit allen demokratischen und damit judikativen Mitteln zu beseitigen. Die maßgebliche Taktik, Kritiker zum Schweigen zu bringen, ist die Zermürbung durch eine endlose Reihe von Gegendarstellungen und die Verbreitung von Halbwahrheiten. Dies wird anhand der Versuche der Organisation, sich den Anschein einer in Deutschland anerkannten Kirche zu geben, beispielhaft in Kapitel 3 dargestellt.

Der wirtschaftliche und politische Erfolg von Scientology kann nur durch Aufklärung und bürgerschaftliches Engagement verhindert werden. Scientology darf es nicht gelingen bei uns, unseren Kindern, unseren Freunden und letztendlich in der Politik und der Wirtschaft zu fußen. Dies gelingt durch Information und Aufklärung, denn je mehr jeder Einzelne weiß, desto schneller wird er scientologische Unterwanderung erkennen. Das vorliegende Buch dient der Aufklärung über scientologische Methoden und Machenschaften. Es enthält in knapper Form die zentralen Aspekte der Scientology-Organisation: ihre Strategien, ihr Aufbau, ihre Sprache und ihre Ideologie. Darüber hinaus gibt das Buch praktische und konkrete Hilfestellungen sowohl für Wirtschaftsunternehmen als auch für Einzelpersonen, einen Angriff zu identifizieren und sich wirksam davor zu schützen. Prävention beginnt grundsätzlich mit einer gewissen Vorstellung von einer futuralen Entwicklung, ansonsten handelt es sich lediglich um Reaktion und Schadensbegrenzung. Diesbezüglich versteht sich das Buch als präventives Rüstzeug für die Gefahren, die von Scientology ausgehen.

Aufklärung & Information

Der Gründer von Scientology

War L. Ron Hubbard ein Genie?

Der geistige Vater von Scientology

Glaubt man Scientology, war L. Ron Hubbard (LRH) ein Universalgelehrter, ein Genie und ein großer Entdecker, der durch seine Reisen viele Wunder der Erde aufdeckte. Aufgrund der zahlreichen Legenden, die Scientology über ihren Gründer verbreitet, ist es relativ schwierig, Fakt und Fiktion voneinander zu trennen. Die gesicherten Fakten über LRHs Leben werden im Folgenden kurz dargestellt. Sie sind spärlich und weitaus ernüchternder als Scientology suggeriert.

L. Ron Hubbard wurde am 13.03.1911 in Tilden, Nebraska geboren. Sein Vater verbrachte den größten Teil seines Berufslebens bei der US Navy. Hier bewarb sich auch Hubbard als junger Mann mehrfach erfolglos. Gemutmaßt wird, dass Hubbard im Jahr 1930 ein Bauingenieursstudium begann, das er bereits zwei Jahre später ab-

Science-Fiction-Autor *1911*

brach. Hubbard war schriftstellerisch tätig und schrieb viel und gerne; er hatte Fantasie, und finanzierte sich durch das Schreiben von Science-Fiction-Romanen und Kurzgeschichten. Damit wurde er nicht reich, kam aber gut über die Runden.

Einfluss der Navy

Nach Ausbruch des Zweiten Weltkrieges bewarb sich Hubbard erneut bei der US Navy (Marine) und wurde dieses Mal angenommen. LRH trat so in die Fußstapfen seines Vaters, was für ihn anscheinend eine große Bedeutung hatte. Die Navy spielte auch für die Struktur »seiner« Scientology eine bedeutende Rolle: Die »Sea Org« ist die Elite-Organisation der Scientology-Organisation und wird ähnlich einer Armee geführt. Befehle, Kleidung und Dienstgrade, alles an der Sea Org erinnert an die US Navy. Selbst der Gruß wird in Anlehnung an das Militärische vollzogen. Prominentestes Beispiel hierfür sind Bilder von Tom Cruise der, bevor er den jetzigen Leiter der Scientology-Organisation, David Miscavige, begrüßte, sich dem Bild von L. Ron Hubbard zuwandte und salutierte.

Psychologische Studien

Was nun folgt, ist nicht eindeutig belegbar. Zwei Jahre nach Kriegsende soll sich L. Ron Hubbard an die US-Veteranen-Verwaltung, die für die Betreuung der Kriegsversehrten zuständig war, mit der Bitte um psychologische Hilfe gewandt haben. Mutmaßungen gehen dahin, dass der wohl in ständiger Geldnot befindliche L. Ron Hubbard auf diesem Weg an eine Versehrtenrente gelangen wollte. Selbstverständlich wird dies von der

Scientology-Organisation vehement bestritten. Hubbard scheint sich in dieser Lebensphase intensiv mit Psychologie und insbesondere mit Sigmund Freuds Psychoanalyse beschäftigt zu haben. Aber auch andere große Bereiche der Psychologie hatten auf ihn und seine später niedergeschriebene Ideologie großen Einfluss.

Die Psychologielehre in den USA befand sich am Ende der 1960er Jahre im Wandel vom Behaviorismus zum Kognitivismus. Der Behaviorismus hat – vereinfacht gesagt – nicht den Geist (*mind*) zum Gegenstand, sondern untersucht menschliches Verhalten anhand streng naturwissenschaftlicher Methoden mittels aufeinander folgender Reiz-Reaktion-Schemata. Der Kognitivismus hat den Geist zum Gegenstand und untersucht das komplexe Zusammenspiel von Emotionen, Informationsverarbeitung und menschlichem Verhalten. Beides, sowohl der Geist als auch die Abfolge von Reiz und Reaktion spielen später in L. Ron Hubbards berühmtesten Buch, der »Dianetik«, eine große, wenn nicht die entscheidende Rolle.

L. Ron Hubbard

Neben dem überwiegend erfolglosen Schreiben weiterer Science-Fiction-Romane, begann sich Hubbard für Philosophie und Magie zu interessieren und schuf eine von ihm als »Dianetik« bezeichnete Lehre. Auf Grundlage der Dianetik baute LRH 1954 die Scientology-Organisation auf. Bis in die Anfänge der 1980er Jahre leitete der inzwischen in zweiter Ehe verheiratete L. Ron

Magie und Philosophie

Dianetik

Hubbard Scientology alleine. Dann übernahm der sich noch heute im Amt befindliche David Miscavige die Führung. L. Ron verstarb am 24. Januar 1986 in Creston/Kalifornien an einem Schlaganfall. Bei den Anhängern Scientologys löste Hubbards Tod sowohl Trauer als auch Freude aus. Sie betrauerten den Verlust ihres geistigen Vaters und bejubelten gleichzeitig dessen Weiterentwicklung, die sich nun – aus scientologischer Sicht – außerhalb seiner sterblichen Hülle vollziehen würde.

Organisationsstruktur und Netzwerk

Ist Scientology eine Kirche?

Warum die Anerkennung als Kirche für Scientology so wichtig ist

Scientology bezeichnet sich immer wieder mit dem Beinamen »Kirche«. In ihrem Briefkopfemblem steht »Scientology Kirche« und bei Mitarbeitern wird häufig von »Geistlichen« gesprochen und behauptet, dass die Organisation fast weltweit als Kirche anerkannt sei. Auch hierzulande versucht Scientology mit Slogans wie »auch in Deutschland gibt es 50 Urteile, die die Religionsgemeinschaft der Scientology-Organisation bestätigen«, den Eindruck zu erwecken, die Organisation sei als Kirche anerkannt, auch vor deutschen Gerichten. Um dies zu beweisen, bedient sie sich einer Vielzahl von Halbwahrheiten. So werden Zitate aus ihrem ursprünglichen Kontext gelöst oder Tatsachen verfälscht. Bei den zitierten 50 Urteilen war zum Beispiel bei keinem dieser Verfahren rechtsentscheidend, ob es sich bei Scientology um eine Religionsgemeinschaft, also eine Kirche, handelt oder nicht. Zitate, aus denen Scientology die Anerkennung als Religionsgemeinschaft für sich ableitet, sind häufig lediglich Beschreibungen des scientologischen Selbstverständnisses. In diesem Zusammenhang lohnt sich ein Blick auf die deutsche Rechtsprechung.

Um in Deutschland als Religionsgemeinschaft anerkannt zu werden, reicht das eigene Bekunden nicht aus. So führte das Bundesverfassungsgericht in einer Entscheidung aus dem Jahr 1991[1] aus, dass allein die Behauptung und das Selbstverständnis einer Gemeinschaft, sie bekenne sich zu einer Religion, den Schutz nach Artikel 4 des Grundgesetzes nicht rechtfertige. Vielmehr müsse es sich auch tatsächlich, »nach geistigem Gehalt und äußerem Erscheinungsbild«, um eine Religionsgemeinschaft handeln. Maßgebend dabei seien die aktuelle Lebenswirklichkeit, Kulturtradition und das allgemeine wie auch religionswissenschaftliche Verständnis davon, was eine Religion ausmache. Dieses impliziert, dass eine Organisation, die vorrangig wirtschaftliche Ziele verfolgt, keine Religionsgemeinschaft ist.

Scientology führt in jüngster Zeit vehement ein Urteil des Europäischen Gerichtshofes für Menschenrechte aus dem Jahr 2007[2] an. Hier soll angeblich dargelegt worden sein, dass Scientology »den Schutz der Menschenrechte als religiöse Vereinigung« genießt. Um dem Ganzen noch mehr Nachdruck zu verleihen, wird angeführt, dass dieses Urteil für alle Mitgliedsstaaten der

Europäischen Union bindend sei. Für Nichtjuristen klingt dieses Urteil so, als bestehe zumindest die Möglichkeit, dass Scientology eine Religionsgemeinschaft darstellt. Diese Form der Beeinflussung ist typisch für Scientology: Sie versucht die etablierte Meinung zu ihren Gunsten zu beeinflussen, indem sie Zweifel entstehen lässt. Dass der Europäische Gerichtshof für Menschenrechte gar nicht prüfte, ob es sich bei Scientology um eine religiöse Vereinigung handelt, spielt hiernach eine untergeordnete Rolle.

Keine Kirche

Unwahrheiten werden allerdings nicht durch ihre gebetsmühlenartige Wiederholung wahr. Sowohl nach rechtlichem Verständnis als auch nach tatsächlichen Kriterien des Handelns, ist Scientology keine Religionsgemeinschaft oder Kirche; zumindest nicht in Deutschland und vielen weiteren europäischen Ländern. Natürlich gibt es Staaten, wie zum Beispiel die USA, in denen Scientology zu Recht behaupten kann, Kirche zu sein. Dazu muss man wissen, dass in den USA in den meisten Bundesstaaten das eigene Selbstverständnis für die Anerkennung als Religionsgemeinschaft ausreichend ist. Letztlich gibt also die eigene Behauptung, eine Religionsgemeinschaft zu sein, anders als in Europa, den Ausschlag.

USA: selbstverständnis reicht für Anerkennung aus

Verfassungsfeindlich

Nachdem eindeutig festgestellt werden kann, dass es sich bei Scientology nach objektivem und judikativem Verständnis in Deutschland um keine Kirche handelt, darf man aber die verfassungsfeindlichen Tendenzen der Organisation

Quelle 3 !

→ Einschränkung wesentlicher Grund- und Menschenrechte

→ verfassungsfeindlich

nicht außer Acht lassen. Diese bestätigte auch ein Urteil des Oberverwaltungsgerichtes Münster aus dem Jahr 2008[3]. Das Gericht sah es als erwiesen an, dass die Lehre von Scientology die Einschränkung wesentlicher Grund- und Menschenrechte beinhalte. Dies betreffe nicht nur die Individualgrundrechte der Menschenwürde, der freien Entfaltung der Persönlichkeit und der Gleichbehandlung. Scientology strebe darüber hinaus eine Gesellschaft ohne allgemeine und gleiche Wahlen an. Eine Revision gegen dieses Urteil ließ das Oberverwaltungsgericht Münster nicht zu. Auch gegen diese Nichtzulassung klagte Scientology zunächst, zog diese Klage aber wieder zurück.

Eine Sekte? Es stellt sich die Frage, um was es sich bei Scientology eigentlich handelt. Im allgemeinen Sprachgebrauch wird im Zusammenhang mit Scientology oft von einer Sekte gesprochen. Den meisten Sekten gemein ist, dass sie wirtschaftlich orientierte Unternehmen darstellen, die bestimmte Verheißungen an ihre Mitglieder verkaufen. Auch Scientology tauscht die Waren Weiterentwicklung, in Form von Kursen, und Verheißung, in Form des Versprechens des ewigen Lebens, gegen Geld. Vergleichbar ist der Aufbau der Scientology daher mit einem Großkonzern, der von einer Investmentgesellschaft gekauft und gesteuert wird. Man könnte Scientology auch mit einem Franchise-Unternehmen vergleichen. Denn die produktiven Teile des Unternehmens, im Fall von Scientology also die ortsansässigen Organisationen der Scientology,

wirtschaftlich orientiert

kurz »Orgs« genannt, müssen fast ihr gesamtes erwirtschaftetes Kapital an die europäische Mittelinstanz in Kopenhagen abgeben. Diese darf einen kleinen Teil behalten und der Rest geht dann an die Hauptzentrale in Los Angeles. Dort wird gegebenenfalls auch entschieden, dass die Quartalszahlen besser hätten ausfallen können und es ergeht nun eine Anordnung in umgekehrter Reihenfolge. Die ortsansässige Org muss daraufhin ihren Mitgliedern mehr Kurse verkaufen, um ihre Einnahmen zu erhöhen. Zutreffend charakterisiert wird die Konzernstruktur von Scientology in einem Urteil des Bundesarbeitsgerichtes aus dem Jahr 1995[4]. Darin wird festgestellt, dass Scientology eine Institution zur Vermarktung bestimmter Erzeugnisse, wie Kurse und Kursmaterialen, darstelle, aber keine Glaubensgemeinschaft sei. Das Bundesarbeitsgericht spricht von einer »vollständigen Kommerzialisierung« der Organisation, ihrer Dienste und der Mitgliedschaft in dieser Organisation. Bei Scientology handelt es sich somit letztlich um nichts anderes als ein expandierendes Wirtschaftsunternehmen.

Wieso ist Scientology so reich?

Die Organisationsstruktur

Management

Scientology ist streng hierarchisch in einem Drei-Stufen-System aufgebaut und wird aus den USA gesteuert. Dort befindet sich das sog. »Religious Technology Center International« (RTC), das für die weltweite Autorisierung und Lizenzierung aller Unterorganisationen zuständig ist. Eigenen Angaben zufolge ist es Aufgabe des RTC, die Urheberrechte und Warenzeichen von Scientology zu schützen, und den Fremdgebrauch scientologischer Techniken, sowohl innerhalb als auch außerhalb der Organisation, zu verhindern. Jeder, der sich scientologischer Techniken und Materialien bedient, muss deshalb Gebühren an das RTC bezahlen.

Ebenfalls in Los Angeles befindet sich die oberste Managementzentrale der Scientology-Organisation, die »Church of Scientology International« (CSI). Sämtliche Entscheidungen, Programme und Inhalte werden dort entwickelt und per Dekret (policy) an alle Scientology-Niederlassungen weltweit verteilt. Wie ein Großkonzern unterhält Scientology diverse kontinentale Verbindungsbüros (Continental Liaison Office, CLO), die die Arbeit in den einzelnen Ländern kontrollieren und steuern. Sie bilden sozusagen die Verbindungsinstanz zwischen dem RTC in Los Angeles und den weltweit ansässigen Einrichtungen von Scientology. Für Deutschland, aber auch Österreich und die Schweiz, befindet sich das kontinentale Verbindungsbüro in Kopenhagen, Dänemark. Eine Anweisung des Managements (policy), die in Los Angeles entworfen wird und weltweit umgesetzt werden soll, geht zunächst nach Kopenhagen und wird von dort an die einzelnen Niederlassungen in Deutschland, Österreich und der Schweiz weitergeleitet. Hierarchie bedeutet Ordnung, und Ordnung ist für Scientology in besonderer Weise wichtig. Sie bietet die Grundlage für die notwendige Unter-Ordnung, d.h. für die absolute Disziplin. Daraus folgt, dass die vorgegebenen Meldewege unbedingt einzuhalten sind. Die in Deutschland, Österreich oder der Schweiz befindliche Einrichtung (Org) darf beispielsweise nicht unmittelbar an das RTC berichten, sondern muss, dem hierarchischen Wege folgend, zunächst an das höher stehende CLO in Kopenhagen »Meldung machen«.

Auf der untersten Hierarchieebene befinden sich die Scientology-Einrichtungen der einzelnen Länder. Hier betreibt Scientology offizielle Niederlassungen in Form von Orgs und »Celebrity Centern«. Org ist die Abkürzung von Organisation und steht für einen Standort, der nach scientologischem Anspruch einer gewissen Größenordnung in Form von Fläche, eingesetztem Personal und angebotenen Leistungen entspricht. Die deutschen Orgs befinden sich an strategisch sinnvollen Orten z.B. in Berlin, Hamburg, Hannover, Düsseldorf, Frankfurt, Stuttgart und München. Angeboten werden dort Kurse und Kursmaterialien. Das Hauptziel

Orgs

der Orgs ist der Verkauf von Kursen, die der Kommunikation, dem Glück im Leben, der Zufriedenheit am Arbeitsplatz oder anderen Bedürfnissen entsprechen. Das Spektrum reicht dabei von sehr teuren bis zu sehr preiswerten Kursen, um eine möglichst breite Käuferschaft zu finden. Vor allem neue Mitglieder werden häufig mit sehr günstigen Kursen angelockt. Der Verkauf, und damit verbunden die Verkaufsstatistiken der Orgs, haben oberste Priorität, da, wie oben beschrieben, Scientology nach kontinuierlichem wirtschaftlichem Wachstum strebt.

Die Scientology-Zentrale in Berlin

Statistik-Tag

Jeden Donnerstag ist Statistik-Tag bei Scientology. Donnerstags entscheidet sich, ob die Org im Sinne der Gesamtorganisation ausreichend produktiv war. Die Org muss zu einer bestimmten Zeit ihre Statistik, also ihre Wochenzahlen des Verkaufs, der Mitglieder-Akquise und alle anderen statistisch erfassten Werte, an das übergeordnete CLO melden. Weltweit melden alle Orgs zur gleichen Zeit ihre Statistiken an ihre vorgesetzten Stellen. Erfüllen sie ihre Sollvorgaben, bedeutet das, dass sie einen höheren Wert erzielen konnten als am vorangegangenen Donnerstag. Für Scientology gibt es nur Wachstum. Woche für Woche gilt es deshalb nicht nur, sich neu zu erfinden, sondern auch sich zu verbessern. Stagnation oder gar Verlust bedeuten »Aberration«, sie zeigen, dass »etwas« der Produktivität entgegensteht. Insofern ist jede Org bestrebt, sich von Woche zu Woche zu steigern und produktiver zu werden. Jede Org steht dabei mit jeder anderen Org auf der Welt in Konkurrenz. Ein ausgeklügeltes Punktesystem steht zur Evaluation der Ergebnisse zur Verfügung, die sog. Erfolgspunkte. Jede Org nimmt an diesem Wettbewerb teil und erhält jede Woche das Feedback über ihren Platz auf der Weltrangliste. Ranghoch Platzierte müssen sich keine Sorgen machen. Orgs, die auf der Rangliste nach unten rutschen, müssen sich allerdings für ihr Versagen rechtfertigen. Die Besorgnis wächst demnach mit jedem Listenplatz, den es nach unten geht. Wenn es weniger Zuwachs gab als vorgeschrieben, wird Druck auf die Org ausgeübt. Zunächst ist das nur leichter Druck, indem die Org auf ihren Misserfolg hingewiesen wird. Wenn sich die Zahlen nicht verbessern, nimmt der Druck zu. Erweist sich eine Org als »verkaufslahm«, erhält sie Besuch aus dem CLO. Bei Scientology wird Druck aufgebaut, indem geschrien wird. Die Abgeordneten des CLO schreien bei ihren Besuchen sehr laut und erzeugen Einschüchterung durch Befehlsschreie.

»Celebrity Center« sind vorgesehen für Berühmtheiten und Stars. Celebrities sollen besonders behandelt werden, damit sie Werbung für die Organisation machen. »Gib viel, erhalte mehr« – unter diesem Motto werden Celebrities geschult. Celebrity Center funktionieren wie Orgs. Es geht um den Verkauf von Kursen, aber auch um das »Glanzabschöpfen« der Promis. Selbstverständlich hadern die deutschen Orgs mit der Zurück-

Celebrity Center

haltung der hiesigen Prominenz, denn zu gerne würde man mit einem deutschen Pendant zu Tom Cruise für Scientology werben.

Staffs Allen Unterorganisationen gemeinsam ist, dass sie bis spät in die Abendstunden zum Verkauf von Büchern, Kursen und anderen Weiterentwicklungsmaßnahmen bereitstehen. Es finden Verkaufsevents und »Jubel-Partys« statt, bei denen man »weiterentwickelte Mitglieder« mit frenetischem Applaus feiert. Die Mitarbeiter der Organisation werden »Staffs« genannt und sind jeweils für unterschiedliche Aufgaben und Bereiche zuständig: Finanzen, Werbeaktionen, Kursbelegung, etc. Produktivität hat dabei oberste Priorität und Pausen gibt es für Scientology-Staffs kaum. Die Bezahlung erfolgt in der üblichen scientologischen Währung: Staffs werden für ihre Arbeit primär mit Kursen und Kursmaterialien entlohnt.

Ideale Orgs Die Standortwahl erfolgt für alle Niederlassungen gezielt. Orgs befinden sich ausschließlich in den Hauptstädten der Bundesländer. An strategisch besonders wichtigen Standorten mit politischer und gesellschaftlicher Relevanz, werden von Scientology größere, schönere, bessere und personalstärkere Orgs eingerichtet, die sog. »Idealen Orgs«. Die Gebäude sollen schon rein äußerlich die große Bedeutsamkeit der Organisation bezeugen. In Europa befinden sich Ideale Orgs in den Metropolen, die belgische Ideale Org in Brüssel hat ihren Sitz beispielsweise nahe der Europäischen Kommission. Mit ihrer Präsenz versucht die Organisation ihr Image zu verbessern und dadurch weiter zu expandieren. Ziel ist es, irgendwann als gesellschaftliche Institution wahrgenommen oder bestmöglich integriert zu werden, wenn möglich als Kirche anerkannt zu werden. In Europa wäre bereits der Fuß in der Tür ein Erfolg, und diese dann zu öffnen eine »scientologische Verheißung«.

Hat Scientology einen eigenen Geheimdienst?

Die Unterorganisationen von Scientology

Scientology ist ein riesiges Imperium, das aus einem Netzwerk von offen und getarnt operierenden Einheiten besteht. Die Steuerung erfolgt grundsätzlich aus den USA, über die oben beschriebenen Leitungseinheiten, dem RTC und dem CSI. Andere offen agierende Organisationseinheiten sind z.B. die IAS, Sea Org, die FLAG Service Organisation, Volunteerministers, das Kreuzfahrtschiff Freewinds oder die der Scientology eigenen Verlage Golden Era und New Era.

Verlage Bei den zu Scientology gehörenden Verlagen handelt es sich um hoch technisierte und professionell arbeitende Konzernteile. Verlegt werden sämtliche von Scientology hergestellte Medien: Bücher, Werbung (Print, Online und TV), Spielfilme und Musik-Clips. Von der Idee zum handelsfähigen Produkt wird von den Verlagen alles organisiert und produziert. Es handelt sich dabei um eine gigantische Maschinerie, so dass man von einem eigenen – zumindest kleinen – Medienkonzern im Großkonzern Scientology sprechen kann.

Eingreiftruppe Die »Sea Org« ist die Elite-Einheit der Organisation. Marineähnliche Uniformen, Abzeichen, militärischer Gruß, alles in der Sea Org erinnert an die US Navy. Die Sea Org kann am besten mit ei-

ORGANISATIONSSTRUKTUR UND NETZWERK

ner mobilen Eingreiftruppe verglichen werden, die sowohl die Strategie der Expansion der Organisation überwacht als auch jeglichen Widerstand zu unterbinden weiß. Andersdenkende und Widerständler sollen, sofern sie sich als beratungsresistent erweisen, laut Aussteigerberichten in Straflager verbracht werden, die unter Leitung der Sea Org stehen. Diese werden laut Aussteigerberichten »Rehabilitation Project Forces« (RPF) genannt. Selbstverständlich bestreitet Scientology vehement die Unterhaltung von Straflagern. Gefangenenlager passen einfach nicht in das von Scientology propagierte Image einer fürsorglichen Kirche. Die herausragende Bedeutung der Sea Org lässt sich unter anderem daran erkennen, dass sämtliche internationale Führungspositionen grundsätzlich aus ihren Reihen besetzt werden. Sie ist somit der Strategiewächter, die Eliteeinheit und die Kaderschmiede der Scientology-Organisation.

Eine der bekanntesten und sagenumwobendsten Einrichtungen mit der Scientology ihre Ziele umzusetzen versucht, ist das »Office of Special Affairs« (OSA), eine Abteilung, die man als den Geheimdienst der Organisation bezeichnen könnte. Hauptaufgabe der OSA ist die Sammlung und Auswertung von Informationen, insbesondere über Kritiker. Hierbei verfährt die OSA nach der von L. Ron Hubbard ausgegebenen Losung: »Wir haben im Sinn, alles aus dem Weg zu räumen, das aus dem Weg geräumt werden muss, ganz egal wie groß es auch sein mag, um eine Zivilisation zu schaffen, die tatsächlich überleben

Geheimdienst

kann.«[5] Die Aktivitäten des OSA sind beispielsweise das Verunglimpfen von Gegnern. Das
»Deutsche Büro für Menschenrechte« in München etwa ist Teil der OSA und verbreitet Publi-
kationen, die das Ansehen der Bundesrepublik
Deutschland und einiger ihrer Repräsentanten
herabwürdigen sollen. Zudem erscheinen dort
zahlreiche Verlautbarungen, denen zufolge eine
religiöse Verfolgung von Scientologen in
Deutschland besteht.

Mitglieder-
organisation

IAS

Das Akronym IAS steht für »International Association of Scientologists«. Die IAS ist die weltweit operierende Mitgliederorganisation der
Scientology. Alle Mitglieder der Scientology-Organisation sollen zugleich (zahlende) Mitglieder
der IAS sein. Bei der IAS geht es aber um mehr
als die Mitgliedsbeiträge: Es handelt sich, harmlos formuliert, um die beste Geldeintreibungs-
maschine der Scientology. Sie ist die Organisation, die mit der Spendensammlung u. a. für die
Kriegskasse von Scientology (»war chest«) be-
traut ist. Die Kriegskasse dient in erster Linie
der Finanzierung der Gegnerbekämpfung, also
der Bekämpfung von Kritikern und Aberrierten.
Des Weiteren werden die Spenden zur Kam-
pagnendurchführung benötigt. Kampagnen zur
Untermauerung ihres Kirchencharakters führt
die Organisation mit Tausenden von Flyern,
DVDs und diversen anderen Printerzeugnissen.
Um sich diese Kampagnen leisten zu können,
sorgt die IAS für die finanzielle Ausstattung der
Organisation. »IAS-Events on Tour« bedeutet,
dass Vertreter der IAS von Org zu Org ziehen,

um dort die euphorischen Mitglieder zu groß-
zügigen Spenden zu animieren. Unter Jubeln,
Klatschen und frenetischem Applaus werden
die Spender mit ihren Spenden gefeiert. Groß-
spender, insbesondere in den USA, werden
beim sog. »Patrons Dinner« honoriert. Hierbei
erfolgt eine hierarchische Anordnung je nach
Spendenhöhe. Beginnend mit dem »Sponsor«,
den man für 5.000 Dollar erhält, über den »Pa-
tron with Honors« für 100.000 Dollar, bis hin
zum Crème de la Crème Spender, dem »Silver
Meritorious« für 750.000 Dollar. Eine Veröffent-
lichung der Spender in der eigenen Presse (z. B.
in der IAS Zeitung »Impact«) sorgt zusätzlich
dafür, dass sich die Spender einer entsprechenden Aufmerksamkeit gewiss sein können.

Die »Flag Service Organisation« in Clearwater,
Florida, ist das größte Dienstleistungszentrum
von Scientology weltweit. Dienstleistung bedeutet in diesem Zusammenhang in erster Linie
»Auditing«. Man könnte von »Premium Auditing« sprechen, denn nur hier können Scientologen auf der Scientologischen Leiter weiter
nach oben gelangen. Scientologisch gesprochen
können Scientologen dort auf der Brücke zur
völligen Freiheit die höchsten derzeit erreich-
baren Stufen erreichen. Bei der Flag handelt
es sich um eine kleine, gut funktionierende
Stadt in der Stadt. Selbst ein Nobelhotel wird
dort unterhalten, um diejenigen Scientologen,
die auf der Brücke zur völligen Freiheit nach
vorne gelangen möchten, bestmöglich zu be-
herbergen.

**Flag Service
Organisation**

Kreuzfahrtschiff Die Dienstleistungen der Flag können auch auf dem Kreuzfahrtschiff der Scientology genossen werden. Die »MS Freewinds« sticht für reiche Mitglieder regelmäßig in See. Diese Form des Premium-Auditings findet vorrangig in der Karibik statt und offenbart die Klassen-Unterschiede innerhalb Scientologys: Während normale Mitglieder in kahlen Räumen auditiert werden, können gut betuchte Mitglieder ihr Auditing mit einer luxuriösen Kreuzfahrt verbinden.

Tut Scientology Gutes?

Wie sich Scientology tarnt

Getreu dem bereits bekannten Motto, dass die Herzen immer aus der Mitte der Gesellschaft erobert werden, hilft die Organisation in Krisengebieten beispielsweise nach Erdbeben, wie jüngst auf Haiti. Scientology engagiert sich immer dort, wo sie sich der medialen Präsenz gewiss sein darf. Gut erkennbar tragen die Krisenhelfer (»Volunteer Ministers«) strahlend gelbe T-Shirts. Zusätzlich zieht der professionell gestaltete Internetauftritt der Volunteer Ministers die Aufmerksamkeit auf die karitativen Absichten der Organisation. Dass die Pressemeldungen, die über zahlreiche Presseagenturen verbreitet werden, selbst geschrieben sind, passt ins Bild, schmälert hingegen nicht den Erfolg. Denn mehr und mehr Meldungen berichten von den helfenden Volunteer Ministers. So nutzte die Organisation das schwere Erdbeben auf Haiti, um sich als großes Hilfswerk im Mantel der Volunteer Minister in Szene zu setzen. Dank dem Einsatz von Hollywood-Star John Travolta konnte sich die Organisation ihres weltweit medial verbreiteten Auftrittes sicher sein. Steter Tropfen höhlt den Stein, und so lassen diese Bilder bei vielen Menschen ein Gefühl von »so schlimm können sie nun wirklich nicht sein« zurück. Genau das aber beabsichtigt Scientology: Annäherung an eine breite Öffentlichkeit, gerne langsam, aber beständig. Scientology

Krisenhilfe

stellt sich dadurch auf eine Ebene mit den zahlreichen gemeinnützigen Organisationen, die ebenso an allen Orten der Welt zugegen sind, wo Menschen durch Katastrophen großes Leid widerfahren ist. Karitatives Engagement ist gut für das eigene Image, und das weiß auch Scientology für sich zu nutzen.

Lebenshilfe

ABLE

Unter dem Dachverband ABLE (»Association for better living and education«) sind diverse Einrichtungen und Tarnorganisationen der Scientology zusammengefasst. Die Association for better living and education bietet zahlreiche Beratungs- und Hilfsangebote für die verschiedensten Probleme an. Für Erwachsenen können dies Coaching-Angebote, Persönlichkeitstraining und andere Weiterentwicklungsseminare sein. Schüler zum Beispiel versucht die Organisation über vielfältige Nachhilfeangebote zu erreichen. Die Nachhilfe hat einen besonderen Stellenwert, da sie gezielt sehr junge Menschen anspricht. Die mit dem Nachhilfeunterricht einhergehende Schwachstellenanalyse erzeugt eine große Nähe zwischen den Schülern und Scientology. Schafft es die Organisation, das Kind in der schulischen Welt besser zu platzieren, bedeutet dies in vielen Fällen die »Eintrittskarte« zur gesamten Familie, da auch das Vertrauen der Eltern gewonnen wird. Wenn es Scientology gelingt, die Jüngsten für sich zu begeistern, sie also in ihren scientologischen Bann zu ziehen, werden diese häufig zu Lebenszeitmitgliedern. Denn in der Regel gilt: Je früher der Einstieg, desto schwieriger der Ausstieg.

Vielfach gestaltet sich die Enttarnung von scientologischen Nachhilfeorganisationen schwierig. Scientology fällt auch in diesem sensiblen Bereich nicht mit der Tür ins Haus. Die Kinder sollen schleichend für die Grundgedanken von Scientology begeistert werden. Hierzu schafft die Organisation zunächst die Rahmenbedingungen: Das Unterrichtsmaterial ist in scientologischer Didaktik aufgebaut, Kinder werden nach und nach mit dem scientologischen Sprachgebrauch vertraut gemacht und die Übergänge vom Nachhilfeunterricht zur scientologischen Gruppeneinbindung verlaufen fließend. Wenn Eltern das Gefühl beschleicht, dass bei diesem Nachhilfeunternehmen etwas nicht stimmt, ist es meist schon viel zu spät. Die Kinder befinden sich zu dieser Zeit bereits in einer solchen Abhängigkeit von der Organisation, dass auch Eltern nur schwer die bereits vorhandene Bindung trennen können. Das Kind fühlt sich wohl, hat bei Scientology Freunde und Anerkennung gefunden, und womöglich bereits spielerisch scientologische Denkweisen und scientologische Sprache kennengelernt. Auch wirkt es auf Kinder und Jugendliche faszinierend, dass es für Scientology keine Kinder gibt, sondern nur kleine und große Menschen. Kinder und Jugendliche sehnen sich vielfach danach, dass auf Augenhöhe mit ihnen gesprochen wird. Dass ihre Wünsche und Ideen gleichauf mit denen der Erwachsenen sind. Insofern spricht Scientology durch seine Ideologie Kinder in ganz besonderem Maße an. Scientologische Nachhilfeorganisationen sind zum Beispiel die Tarnorganisationen »Applied Scholas-

tics« und ZIEL (»Zentrum für individuelles und effektives Lernen«).

Menschenrechte

Auch die Bewegung »Jugend für Menschenrechte« wendet sich mit ihrem Angebot gezielt an Jugendliche, um diese mit einer altersgerechten Kampagne für mehr Gerechtigkeit auf der Welt zu begeistern und an sich zu binden. Diese Organisation verfügt über eine hoch professionelle Tarnung und wirksame mediale Inszenierung, die sich vor allem moderne Channels zunutze macht (s. Kapitel 6).

Rehabilitationsprogramme

Darüber hinaus engagiert sich Scientology im gesellschaftlichen Bereich mit den Vereinen »Narconon« und »Criminon«. Scientology versucht über ein Angebot an Rehabilitationsmaßnahmen in der Mitte der Gesellschaft zu fußen. Narconon wendet sich gezielt an Menschen mit Sucht- und Drogenproblemen. Criminon ist ein Programm zur Rehabilitation straffällig gewordener Menschen. Scientology wendet sich mit diesen Angeboten bewusst an Menschen, die am Rand der Gesellschaft stehen und häufig unter sozialer Exklusion leiden. Durch Scientology wird ihnen, vermeintlich, die Rückkehr in ein ›normales‹ Leben ermöglicht.

Psychiatrie-Kritik

Die »Kommission für Verstöße der Psychiatrie gegen Menschenrechte« (KVPM) klingt zunächst nach einer sinnvollen Einrichtung. Sie propagiert offiziell, Missstände in der Psychiatrie aufdecken zu wollen. Festzustellen bleibt, dass die Organisation mittels Hetz-Kampagnen Teile der scientologischen Ideologie in der Gesellschaft platzieren will und beabsichtigt, das Ansehen bislang anerkannter Therapiemöglichkeiten zu beschädigen. Die Absicht dahinter ist leicht zu erkennen: Scientology bietet mittels Auditing eine eigene Form der Psychotherapie an und ist bestrebt, diese Form der Therapie als überlegen gegenüber institutionalisierten Verfahren zu propagieren.

Im gesellschaftlichen Leben versucht Scientology auf allen Ebenen auf Kundenfang zu gehen. Insofern kann uns Scientology überall begegnen, unter dem Namen Scientology oder als Tarnorganisation, im Familien- oder Freundeskreis ebenso wie im Arbeitsalltag. Jedes gesellschaftliche Problem wird von Scientology identifiziert und daraufhin in ihr Programm integriert. Der Deckmantel, unter dem dies geschieht, ist dabei häufig eine auf den ersten Blick karitative Absicht, die sich erst nach und nach als Falle entpuppt.

Kurse und Angebote

Ist Auditing Gehirnwäsche?

Wie Scientology Menschen »therapiert«

L. Ron Hubbard beschreibt in der Dianetik den menschlichen Verstand als zweigeteilt. Der eine Teil, der reaktive Verstand, wird von Hubbard analog einer Datenbank erklärt. In dieser Datenbank sind alle schmerzlichen oder negativen Wahrnehmungen, die ein Mensch im Laufe seines Lebens gemacht hat, als »Engramme« gespeichert. In der scientologischen Sprache heißt dies, dass auf der Zeitspur des Menschen Engramme gespeichert sind, die es auf dem Weg zum »Clear« zu löschen gilt. Solche Engramme behindern – laut Hubbard – den menschlichen Verstand bei Problemlösungen und führen letztendlich zu psychischen Störungen. Ziel auf dem Weg zum Clear ist es daher, den reaktiven Verstand zu löschen, um nur noch den analytischen Verstand zu gebrauchen und dadurch »störungsfrei« zu leben.

Bei der Gehirnwäsche geht es – vereinfacht gesagt – um die Überschreibung bislang gelten-

reaktive Verstand
Engramme

Engramme müssen gelöscht werden

vs.

analytische Verstand

Gehirnwäsche

der Werte mit neuen Werten und Überzeugungen. Voraussetzung dafür ist, die Schwachstellen eines Menschen zu kennen. Denn dadurch kann Druck über Suggestion, über die Übertragung von Schuldgefühlen und anderes ausgeübt werden. Forderungen werden zudem mit vermeintlichen Guttaten verbunden, so dass diese nicht mehr abgeschlagen werden können. Am Ende einer erfolgreichen Gehirnwäsche steht ein Mensch vor den Trümmern seiner selbst, da er nicht mehr weiß, wer er ist. Durch das Erlernen neuer Werte und das Bestrafen von vermeintlich unpassenden oder verbotenen Handlungen wurde er seiner Identität beraubt.

Auditing Ziel des Auditings ist es, Engramme zu löschen. Festgestellt werden Probleme mit zahlreichen Tests, wie diese von Anfang an mit den an Scientology, oder deren Angeboten Interessierten durchgeführt werden. Diese Tests werden verharmlosend »Persönlichkeitstests« genannt. Das Ergebnis, das Scientology dem Interessierten nach Auswertung des Tests präsentiert, ist in *jedem* Fall ernüchternd: Probleme werden in allen Bereichen des sozialen Lebens der getesteten Person aufgezeigt. Als Antwort und vermeintliche Lösung auf diese Probleme werden sodann verschiedene scientologische Kurse angeboten.

E-Meter Scientology benutzt beim Auditing als technisches Hilfsmittel ein sog. »Elektrometer«, das letztlich nichts anderes ist als ein primitiver Lügendetektor. Der an Scientology Interessierte wird vom ersten Auditing an Proband genannt, um einen möglichst wissenschaftlichen Eindruck zu vermitteln. Der Proband muss zwei wie Dosen aussehende Gegenstände in den Händen halten, die mit dem Elektrometer verbunden sind. Das E-Meter verfügt über ein Display auf dem sich eine Skala und eine Nadel befinden. Die Nadel soll die Erregung des Probanden als Ausschlag auf der Skala widerspiegeln. Messbar wird die Erregung mittels des sich verändernden Hautwiderstands des Probanden. Dieses Szenario wirkt auf die meisten Menschen Angst einflößend, da der Proband das Gefühl hat, mit dem E-Meter könnten seine innersten Gedanken und Gefühle für den Audi-

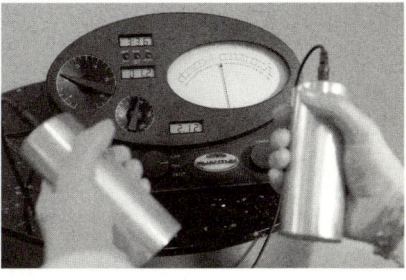

Ein E-Meter

tor »sichtbar« werden. In einer technikaffinen Zeit wie der unseren verstärkt sich dieses Gefühl noch zusätzlich durch den Glauben an die Unfehlbarkeit einer Maschine. Das Auditing selbst besteht aus einer Reihe von Fragen, die der Auditor dem Probanden stellt. Hierbei spielt die Wiederholung eine übergeordnete Rolle, wie weiter unten noch ausgeführt wird. Während des Auditings werden Erfahrungen und Gefühle neu bewertet. Die Frage, ob Scientology mittels Auditing Gehirnwäsche betreibt, kann hier nicht eindeutig beantwortet werden, da dies eine Frage ist, die wahrscheinlich mit Gutachten und Gegengutachten vor Gericht enden würde. Insofern ist die beste Methode zum

Aufzeigen der Ziele des Auditings, das Veranschaulichen einer derartigen Sitzung. Im Folgenden wird deshalb ein mögliches Auditing beschrieben, wie es vom Ablauf her erfolgen könnte, aber nicht muss.

Das folgende Auditing beschreibt keine real stattgefundene Sitzung, sondern ist ein Beispiel, in welcher Gestalt uns das Auditing bei Scientology begegnen könnte.

Auditor: Erinnerst Du Dich an ein Ereignis aus Deiner Kindheit?
Proband: Ja.
A: Was siehst Du?
P: Ich sehe mich und meine Mutter.
A: Danke. Was siehst Du in diesem Zusammenhang?
P: Ich sehe, dass meine Mutter das Haus verlässt.
A: Danke. Wohin geht sie?
P: Sie geht zur Arbeit.
A: Danke. Was siehst Du dann?
P: Ich stehe am Fenster und sehe ihr nach.
A: Danke. Was riechst Du?
P: Ich rieche die frisch gewaschene Wäsche, die zum Trocknen aufgehängt wurde.
A: Danke. Bist Du traurig?
P: Ja.
A: Weinst Du?
P: Nein.
A: Danke. Gehe noch einmal zu dem Anfang. Was siehst Du?
P: Ich sehe mich und meine Mutter.

> A: Danke. Siehst Du sonst noch etwas?
> P: Ich sehe, dass meine Mutter das Haus verlässt.
> A: Danke. Wohin geht sie?
> P: Sie geht zur Arbeit.
> A: Danke. Was siehst Du dann?
> P: Ich stehe am Fenster und sehe ihr nach.
> A: Danke. Was riechst Du?
> P: Ich rieche die frisch gewaschene Wäsche, die zum Trocknen aufgehängt wurde.
> A: Wer hat sie aufgehängt?
> P: Meine Mutter.
> A: Bist Du traurig?
> P: Ja.
> A: Weinst Du?
> P: Nein.
> A: Danke. Gehe noch einmal zum Anfang der Geschichte.

Nach der vierten, fünften oder x-ten Wiederholung desselben Szenarios wird der Proband mit den Worten »Die Nadel schwebt« entlastet und befreit. Das Ergebnis »Die Nadel schwebt« wird verkündet, als habe der Proband soeben eine großartige Leistung erbracht. Denn als Folge des Auditings sollen Kurse besucht werden, selbstverständlich gegen Honorar. Um das zu erreichen, wird dem Probanden vermittelt, dass er bereits hervorragende Fortschritte gemacht hat. Denn wenn er die Nadel zum Schweben bringen konnte, zeigt dies schon jetzt seine persönliche Entwicklung. Dieses Lob setzt einen Anreiz für den Probanden, sich künftig noch mehr anzustrengen, also sich mittels weiterer Kurse, die zunehmend kostspieliger werden, weiterzuentwickeln.

Kann Scientology Menschen mit psychischen Problemen helfen?

Warum Auditing keine Probleme löst

Auditoren lernen in vielen Kursen den richtigen Umgang mit Probanden. Sie werden geschult, kurz und knapp nachzufragen, ernst auf den Ausschlag des E-Meters zu achten, bei jeder Antwort starr auf die Nadel zu blicken. Durch Mimik und Gestik soll sich das Gefühl der Überwachung im Probanden mehr und mehr verfestigen. Der Auditor muss lernen, mit monotoner Stimme zu sprechen, ohne erkennbare Regung und in einfachen, sich immer wieder wiederholenden Sätzen. Das »Danke« nach jeder Antwort des Probanden dient als Freundlichkeitsgeste, aber auch als Aufforderung zur Wahrheit. Damit wird ausgedrückt: Ich bin freundlich. – Und Du? Ich trete Dir ehrlich mit einem Dank entgegen. – Und Du? Einer durch Freundlichkeit getarnten Härte kann man sich nur schwer entziehen. Das Elektrometer dient dabei als scheinbar allmächtige Kontrollinstanz, die jede Lüge sofort verrät und dadurch zur Wahrheit zwingt. Derart vorbereitet und ausgestattet, bespricht der Auditor das Leben des Probanden und versucht, dessen schmerzhaften Erinnerungen anhand des Nadelausschlags auf die Spur zu kommen. Erzählt der Proband von einem negativen Erlebnis aus seinem Leben, beispielsweise als Kind geschlagen worden und damit nicht zurechtgekommen zu sein, geht der Auditor jede mit diesem Ereignis zusammenhängende Situation in allen Einzelheiten durch. Der Proband muss dabei das Erlebte immer und immer wieder berichten, bis ein Abstumpfungsprozess eintritt und der Auditor vermeintlich keinen negativen Nadelausschlag mehr feststellt. Das Problem bei diesem Prozess ist, dass ein Mensch seine innersten Gedanken und Gefühle offenbart und dementsprechend emotional bewegt ist. Diese Emotionen werden aber von Scientology keineswegs professionell aufgefangen, wie es im Gespräch mit einem Psychologen üblich ist. Auditoren müssen für diese Gespräche keinerlei psychologische Ausbildung absolvieren. Am Ende des Auditing-Prozesses wird daher auch lediglich festgestellt, dass das Engramm nunmehr gelöscht sei. Bei Scientology werden traumatische Erlebnisse also nicht verarbeitet, sondern lediglich »gelöscht«.

Gefährliche Datensammlung Darüber hinaus ist bedenklich, dass jede Aussage des Probanden im Rahmen eines Auditings schriftlich festgehalten und in einer Akte gesammelt wird. Lässt sich ein Mitglied regelmäßig auditieren, was auf »der Brücke zur völligen Freiheit« so vorgesehen ist, verfügt Scientology im Laufe der Jahre über eine komplette Lebensbeichte ihrer Mitglieder und kennt insbesondere deren wunde Punkte. Hier geht es um den Schutz äußerst sensibler Daten. Im, von Fachleuten häufig als hypnoseähnlichen Zustand beschriebenen, Auditing geben Menschen mehr von sich preis, als sie womöglich wollen, unter Umständen auch ausgesprochen intime Details. Was aber, wenn sich die erste Euphorie legt und der Scientologe beginnt, an einen Ausstieg zu denken? Dann können die gesammelten Daten zur besten Waffe werden. Denn die Protokolle der Auditing-Sitzungen werden in den Archiven von Scientology aufbewahrt. Selbstverständlich versichert Scientology, dass sämtliche Daten, die über eine Person in ihrer sog. »Personalakte« gespeichert sind, ausschließlich unter Beachtung von datenschutzrechtlichen Gesichtspunkten verarbeitet werden. Nichtsdestotrotz ist eine Person, über deren gesamtes Leben intime Kenntnisse vorliegen, leicht manipulierbar und gegebenenfalls auch erpressbar.

Scientology vermittelt über das Auditing eine besondere Heilslehre, nämlich die Befreiung von schlechten Erinnerungen, von belastenden Ereignissen, von allem, was Menschen gerne hinter sich lassen möchten. Die meisten Menschen haben im Laufe ihres Lebens bedrückende Erfahrungen gemacht. Wenn man unter diesen Erfahrungen leidet, sollte man sich nicht scheuen, sich mit seinen Problemen an Fachleute, also Ärzte oder Psychologen, zu wenden, um sich helfen zu lassen. Ein Auditing ist in *keinem* Fall eine Lösung für tief greifende – vielleicht auch traumatische – Erlebnisse.

Weltbild und Ideologie

Macht Dianetik frei und glücklich?

Das scientologische Entwicklungssystem

Die Dianetik ist L. Ron Hubbards Einstieg in die Scientology und die Grundlage der Organisation. Laut Scientology handelt es sich bei der Dianetik um eines der meist verkauften Bücher der Welt. Bei Erscheinen im Jahr 1950 stand es auch tatsächlich für mehrere Wochen auf der Bestsellerliste der New York Times. Hubbards Dianetik wurde als revolutionäres neues Werk in der Psychotherapie beworben und bekannt. Es versprach, dass selbst Laien mittels »Auditing« sich gegenseitig therapieren könnten. Hubbard hatte – laut eigenen Angaben – die Dianetik entwickelt, um »ungenutztes geistiges Potential und wahre Fähigkeiten freizusetzen«. Ziel der Dianetik sei es, den Menschen von allem Negativen zu befreien. Am Ende dieses schrittweisen Befreiungsprozesses solle ein Mensch mit übernatürlichen Qualitäten stehen, frei von körperlichen und seelischen Beeinträchtigungen, der sog. »Clear«. Mit der Weiterentwicklung der Dianetik und der »Entdeckung« immer neuer Entwicklungsstufen wurde die Dianetik später um die OT-Stufen erweitert (s.u.). Grund hierfür war auch, dass sich bald herausstellte, dass die Dauer eines Menschenlebens nicht ausreichen würde, um alle Stufen auf der »Brücke zur völligen Freiheit« zu erreichen. Die in der Dianetik dargestellte Ideologie beinhaltet alles, was Menschen beeinflusst und was sie sich wünschen: Einflüsse aus der Tiefenpsychologie, Reinkarnationstheorien, Psychologie, Gesundheitslehre und, als Versprechen, das ewige Leben.

„Reaktiver Verstand" In der Dianetik unterscheidet Hubbard den »reaktiven« und den »analytischen« Verstand. Der reaktive Verstand, eine Erfindung Hubbards, ist demnach der Teil unseres Geistes, der ähnlich einer Datenbank alle schmerzlichen oder negativen Wahrnehmungen als negative Daten, sog. »Engramme«, speichert. Diese Engramme behindern laut Hubbard den menschlichen Verstand bei Problemlösungen und stören ganz allgemein das Überleben. Auf Dauer führen diese Engramme zu psychischen und physischen Störungen. Engramme kann die Scientology mit Hilfe der Dianetik löschen. Das Mittel hierzu ist das Auditing. Ziel ist es, den reaktiven Verstand auszulöschen, damit der analytische Verstand sich frei entfalten, und der Mensch bestmögliche Entscheidungen treffen kann. Der Zustand des derart befreiten Menschen nennt sich im scientologischen Sprachgebrauch Clear. Clear bedeutet rein zu sein, nicht mehr reaktiv, nicht mehr unterdrückt.

Auf der nächsten Stufe versucht Scientology das Bedürfnis der Menschen nach Reinkarnation zu befriedigen. Man kann als »Clear« sog. »OT-Stufen« erreichen, durch den Besuch von – sehr teuren – Kursen. Die Abkürzung OT steht für »Operierender Thetan«. Thetane sind Wesen, die angeblich vor Millionen Jahren keine Körper zur Reinkarnation gefunden haben und seitdem ruhelos die Menschen umgeben. Den wissenschaftlichen Anschein wahrend, bedient sich Scientology des Griechischen. So steht *dia* für durch und *nous* für Verstand. Thetan leitet sich vom griechischen *theta* für Geist ab. Der operierende Thetan kann alles, weiß alles, ist alles. Er steht über Körper und Verstand, ist losgelöst von Materie und nicht sichtbar. Laut scientologischer Ideologie werden die dualen Bestandteile des Menschen – Körper und Verstand – um einen Thetan ergänzt. Der Thetan ist dann eine, das eigene Ich darstellende Geistesseele mit übersinnlichen Kräften: Er kann den Körper verlassen und lebt ewig. Stirbt ein Mensch, sucht sich der »übrig gebliebene« Thetan einen neuen Körper, in dem er weiterlebt. Wird ein Scientologe auf diese Art wiedergeboren, wird er auf derjenigen Entwicklungsstufe der Brücke zur ewigen Freiheit beginnen, bis zu welcher er in seinem letzten Leben gelangt ist.

Körper + Verstand
+
Thetan

Hat ein Scientologe der Stufe Clear, die Ausbildungsstufe eines Operierenden Thetan erreicht, steht seinem ewigen Leben kaum noch etwas im Wege. Es gibt allerdings nicht nur eine Stufe des Operierenden Thetan, sondern derzeit 15. Der-

Stufe OT VIII – XV

zeit bedeutet, dass Scientologen der obersten Management-Ebene (RTC oder CSI) von Zeit zu Zeit bei der Sichtung des Hubbardschen Nachlasses auf unentdeckte Stufen stoßen und diese dann veröffentlichen – scientologisch gesprochen sind diese »entdeckt«, aber noch nicht »freigegeben«. Jede neue Stufe ist mit höheren Erkenntnissen verbunden, das sind Geheimnisse, für deren Aufdeckung man erst die »scientologische Reife« unter Beweis stellen muss. Reif ist, wer viele Kurse besucht und häufig auditiert. Von den 15 OT-Stufen sind derzeit wohl acht freigegeben. Die »Freigabe« der einzelnen Stufen erfolgt nach einem unbekannten System.

Die Stufen der Erkenntnis auf der scientologischen Brücke zur völligen Freiheit lauten
- **Aberriert (Nicht-Scientologen, Kritiker, Kranke)**
- **Pre-Clear (Scientologen der unteren Ausbildungsstufen / Befreiungsstufen)**
- **Clear (Frei von negativen Engrammen – der Befreite)**
- **OT I – VIII (der Operierende Thetan; derzeit 8 Stufen freigegeben, 15 entdeckt)**

DIE BRÜCKE
ZUR VÖLLIGEN FREIHEIT

SCIENTOLOGY-KLASSIFIZIERUNGS-, GRADIERUNGS- UND BEWUSSTSEINSKARTE DER STUFEN UND ZERTIFIKATE

**Die Brücke
zur völligen
Freiheit**

Ist der Mensch mehr als eine Maschine?

Scientologisches Menschenbild und Ethik

Scientology stellt sich häufig als karitative Organisation dar, die Menschenleben achtet und rettet. Intern gibt sich Scientology allerdings keineswegs so menschenfreundlich. Der Mensch ist dort nur ein Werkzeug, ein technisches Instrument, das dem System dient. Das Idealbild des Menschen, der Clear, sieht laut Hubbard folgendermaßen aus:

> *»Wenn wir einen Clear erreicht haben, stehen wir vor etwas, das man nie zuvor gesehen hat, denn es existierte nie zuvor in einem schuttfreien Zustand: eine perfekte Maschine, leistungsfähig, kraftvoll, glänzend und imstande, all ihre eigenen Funktionen ohne therapeutische Hilfe zu regulieren (...)«*[6]

Diese Maschine gilt es in scientologischer Weise zu programmieren und in der Folge wäre die Welt von Ungerechtigkeit, Krieg und Krankheit befreit. Der Mensch wird angesehen als Maschine, als programmierbar, als bloße Reaktion auf die ihn umgebenden Reize, als Steuerungsgerät.

Einfluss des Behaviorismus

Der Mensch als Produkt seiner Umwelt, diese Sicht erinnert sehr an die Aussagen des Behavioristen John B. Watson (1878–1958), der Begründer des Behaviorismus:

»*Gebt mir ein Dutzend gesunder, wohlge-
bildeter Kinder und meine eigene Umwelt,
in der ich sie erziehe. Ich garantiere Ihnen,
dass ich blindlings eines von ihnen aus-
wähle und es zum Vertreter irgendeines
Berufes erziehe, sei es Arzt, Richter, Künst-
ler, Kaufmann oder auch Bettler, Dieb –
ohne Rücksicht auf seine Talente, Neigun-
gen, Fähigkeiten, Anlagen, Rasse oder Vor-
fahren.*«[7]

Die Vorstellung von der absoluten Formbarkeit
des Menschen durch seine Umwelt, durchzieht
die gesamte Dianetik von L. Ron Hubbard. Nach
der »kognitiven Wende« im Jahr 1956 fand in
den USA die Kognitionswissenschaft große Beachtung. Im Gegensatz zum Behaviorismus hat
die Kognitionswissenschaft den Geist (*mind*)
zum Gegenstand. Innerhalb der Kognitionswissenschaft wurde eine neue Sicht auf die Denk-
prozesse des Menschen entwickelt: Die sog.
»Computermetapher des Geistes« besagt, dass
der Geist analog zu einem Computer funktioniert und mittels des Gehirns (d.h. der Fest-
platte) programmierbar ist. Kybernetik ist die
Lehre, die sich mit der Steuerung von Maschinen und Menschen beschäftigt, mit der Frage,
wie sie funktionieren und programmiert werden
können.

Diesen Theorien und Lehren folgend, erschien
L. Ron Hubbard die Logik des Menschen einfach und seine Programmierung ähnlich zu
funktionieren wie die Programmierung eines

**Erschaffung des
neuen Menschen**

Computers: Zunächst muss der reaktive Verstand gelöscht werden. Der Mensch ist dann nicht mehr, wer er war. Danach gilt es, den Menschen neu zu programmieren, so soll die Idealvorstellung des »homo scientologicus« entstehen. Das bedeutet das Erlernen neuer Werte, einer neuen Sprache, eines neuen Weltbilds. Die Produktivität steht fortan an erster Stelle, sie gehört zu den wichtigsten »Eigenschaften und Gütern« des Menschen. Der neue Mensch soll ethisch sein. »Ethisch« darf in diesem Zusammenhang nicht im Sinne einer allgemeinen Sittenlehre verstanden werden. Bei Hubbard bedeutet ethisches Verhalten, das Überleben durch Optimierung zu sichern. Diese »Optimierung« kann nur von anderen Scientologen vorgenommen werden, da alle Nicht-Scientologen aberriert sind und damit zum Überleben kaum in der Lage. Ethisch zu sein bedeutet zu produzieren und zu funktionieren, immer im Sinne der Gruppe: denn die Gruppe und nicht das Individuum steht bei Scientology an oberster Stelle.

Scientologische Ethik

Insofern unterscheidet die Hubbardsche Ethik mehr im Sinne von Soll und Haben, denn von Gut und Böse. Obgleich die Worte Gut und Böse auch Einzug in den scientologischen Sprachgebrauch gefunden haben, hier aber umgedeutet wurden. Das Böse steht für Kritik an der Scientology, für schlechte Statistiken und für den schlechten Verkauf von Kursen. Kranksein ist böse, ebenso wie jemanden zu kennen, der schlecht über die Organisation spricht. Die scientologische Ethik genießt innerhalb der Organisation einen hohen Stellenwert. Jede Niederlassung (Org) verfügt über eine Ethikabteilung, die von einem Ethikoffizier geleitet wird. Dieser überwacht das Gute und Böse, also das ethische und unethische Verhalten innerhalb der Organisation. Verhält sich jemand unethisch, so befindet der Ethikoffizier in einem Ethikverfahren (vergleichbar einem Gerichtsverfahren ohne Anwalt) über die adäquate Maßregelung. Strafarbeiten, häufig auch mit Erniedrigungspotenzial, werden als Maßnahmen verhängt. So gehören Toiletten-Putzdienste ebenso zum Rehabilitations-Repertoire wie das etwas härtere Isolationsprogramm. Isoliert wird von der Gruppe: kein Kontakt, keine Ansprache, keine Zuwendung. Das Zurück gibt es nur, wenn der Rückkehr ausreichend Gruppenmitglieder zustimmen. So erfährt der Abweichler, dass er nichts ist ohne die anderen.

L. Ron Hubbards „Ethik"

Ethisches Verhalten gilt es zu fördern und unethisches zu melden und zu bestrafen. Insofern bedient sich Scientology eines ausgeklügelten Denunzianten-Systems. Wer Kritik an der Organisation übt, begeht – zumindest im scientologischen Rechtsverständnis – eine Straftat (Verbrechen). Dieses Verbrechen müssen diejenigen, die davon Kenntnis haben, melden. Die Mel-

Suppressive Persons

dung geschieht über sog. »Wissensberichte«. Meldet man nicht, wenn man von unethischem Verhalten gewusst hat, begeht man selbst ein Verbrechen und kann bestraft werden. Jede kleinste Verfehlung ist zu melden, denn Kritik soll im Keim erstickt werden. Kritiker – auch innerhalb der Organisation – werden als »Unterdrückerische Personen« (Supressive Persons, SP) bezeichnet. Supressive Persons gilt es – harmlos ausgedrückt – zu stoppen, zu »handhaben«. Hubbard formulierte das noch weitaus drastischer:

> *»Ethik ist die Dampfwalze, (...) Unterdrücker! Rotten Sie sie aus. (...) machen Sie den Unterdrücker ausfindig und schießen Sie. Ruhe herrscht.«[8]*

Schon durch den Kontakt zu einer unterdrückerischen Person wird man selbst zu einer potenziellen Störungsquelle, einer »Potential Trouble Source« (PTS), die wiederum die gesamte Gruppe negativ beeinflusst. Auch hier gilt es, das »aberrierte Verhalten zu handhaben«, durch Kurse, durch Isolation oder andere Maßregeln. Scientology-Mitglieder werden einer Gleichschaltung unterworfen, die unerwünschtes Verhalten unmittelbar und rigoros sanktioniert. Dies zielt darauf ab, das Funktionieren des Systems Scientology reibungslos zu gewährleisten und Kritik innerhalb der eigenen Reihen zu unterdrücken. Bei Verstößen gegen die scientologische Ethik kann jedes Mitglied, genauso wie Nicht-Scientologen, zum Feind erklärt werden.

Das Entwerfen von Feindbildern dient dabei letztlich nur einem Ziel: Der Erhaltung der Produktivität.

Gibt es unter Scientologen Krankheit?

Krankheit als Strafe und Willensschwäche

Bei gezogenen Zähnen, blutig geschlagenen Knien, aber auch bei Krebs oder gebrochenen Knochen sollen sog. »Beistände« die Genesung des Scientologen beschleunigen. Das Medizin-System der Scientology unterscheidet zweierlei Formen des Krankseins. Zum einen die erkennbare Erkrankung durch Bakterien und Unfälle, die medizinisch zu versorgen sind. Zum anderen Krankheiten, die durch den Geist den Körper schädigen oder dessen Heilung verhindern. Diese, durch den Geist bedingten Erkrankungen, machen laut Scientology rund 70 Prozent aller Erkrankungen aus. Aber auch durch Bakterien oder Unfälle erlittene Krankheiten werden, laut scientologischer Lehre, durch den Geist mitbestimmt. Über jegliche Krankheit erhaben ist derjenige, der auf der Brücke zur Freiheit weit genug vorangeschritten ist. Den Thetan, also das höhere Wesen in uns, gilt es nach scientologischer Medizin zu konsultieren und diesen mit der Heilung, Vorbeugung und Verhinderung von Krankheiten zu betrauen. Hierzu bedarf es eines Zustandes, der mindestens Clear ist. Mit derartigen Versprechen – Immunität gegen Krankheit und Sterblichkeit – erreicht die Organisation daher vielfach nicht die Gesunden, sondern Menschen, die mittels Scientology ihre Krankheit überwinden wollen.

Scientology definiert Kranksein als einen »quasi-aberrierten« Zustand, den es zu beheben gilt, wenn man nicht die Gemeinschaft belasten möchte. Die Ursache für jedwede Krankheit liegt im Menschen selbst, ob es sich um ein vermeintlich belangloses Umknicken des Fußgelenkes beim Gehen oder eine Blinddarmentzündung handelt. Der Ursprung für alles, was uns widerfährt ist in uns, erzeugt durch schlechte Engramme. Lange krank zu sein stört nur, auch die anderen Produktiven. Um den Kranken nicht das Mitleid der anderen zukommen zu lassen, muss man ihr Kranksein als personengebunden und damit selbstverschuldet bewerten. So wird aus dem ›armen Kranken‹ der vorsätzlich nicht Besserungsfähige: Die Genesung liegt allein in den Händen des Kranken. Wird er nicht geheilt, zeigt dies seinen mangelnden Willen zur Genesung. Da Krankheit der Produktivität des Einzelnen und der Gruppe entgegensteht, werden Kranke isoliert oder ausgeschlossen: »Wir haben Dich lieber tot als unfähig«, schreibt Ron Hubbard hierzu. Darin zeigt sich die Rigorosität mit der Scientology das reibungslose Funktionieren seiner Mitglieder einfordert. Deutlich wird daran auch, wie zynisch das scientologische Menschenbild ist: Wer nichts für Scientology erwirtschaftet, wer nicht seine Leistung zur Verfügung stellt, ist laut scientologischer Ethik wertlos. In diesem Zusammenhang erscheint ein häufig in scientologischen Lehrbüchern stehender Satz wie blanker Hohn: »Scientology ist für den Menschen da.«

→ Differenz zum
Grundauftrag der
Kirche : Diakonia

Wenn das Mitgefühl fehlt, kann keine Hilfe erwartet werden: Dies gilt für Kranke, Alte, Gebrechliche und für alle »Unleistenden«. Sie belasten die Organisation mit ihren Leiden, mit ihrem Mangel an Produktivität. Folgte man der scientologischen Logik, so müsste dieser »Unproduktive« die Gruppe entlasten. Entlasten bedeutet in letzter Konsequenz, nimmt man LRH beim Wort, entlasten durch Suizid.

→ Bei Krankheit muss die Gruppe entlastet werden
↳ Entlastung durch Suizid.

Welche Erziehungsmethoden werden bei Scientology angewendet?

Die grausame Behandlung von Kindern

Wer hat Angst vorm bösen Wolf?«, lautet die Frage in einem Kinderspiel. Und selbstverständlich lautet die Antwort »Niemand!«, wenn Kinder diese laut schreiend kundtun. Doch kaum gibt sich der Wolf zu erkennen, flüchten die Kinder schnell vor ihm. Aber was, wenn der Wolf sich verkleidet und so das Vertrauen der Kinder erschleicht?

Kinder im uns geläufigen und bekannten Sinn gibt es bei Scientology nicht. Vielmehr handelt es sich um kleine Frauen und Männer, die auch in jungen Jahren bereits den Clear-Zustand erreichen können und damit auf dem Weg zu einem Thetan sind. Erzogen werden Kinder, laut Scientology, am besten in scientologischen Kindergärten oder Schulen, möglichst inmitten von anderen kleinen Männern und Frauen. Das Ziel der scientologischen Kindererziehung ist es, so wenige negative Engramme wie möglich zu erzeugen. So sollen Erwachsene ihre eigenen Unzulänglichkeiten möglichst nicht auf die Kinder übertragen. Was so harmlos klingt, bedeutet für Kinder eine besondere Grausamkeit: In vielen Situationen, in denen sich Kinder nach Nähe, Zuneigung und Trost sehnen, werden sie bei Scientology auf Distanz gehalten. Fällt ein Kind beispielsweise hin, schlägt sich die Beine blutig

Kleine Erwachsene

und weint, sollen die Eltern keine Tröstung aussprechen und ihr Kind nicht in den Arm nehmen. Stattdessen wird erwartet, dass sie Distanz wahren, damit ihre Gefühle die Stimmungslage des Kindes nicht negativ beeinflussen. Denn die Tröstung würde nur das Weinerliche im Kind unterstützen. Das Kind soll seine eigenen Erfahrungen machen und in diesem Zusammenhang scheinen Emotionen nur zu stören. Es geht um die Produktivität des Einzelnen, die nicht durch vermeidbare Emotionen oder Handlungen erschwert werden darf. So erklärt sich, dass Mitglieder der Sea Org keine Kinder mit in die Organisation nehmen dürfen. Sollten die Eltern in diesen erlauchten Kreis berufen werden, kommen die Kinder auf scientologische Schulen, damit die Eltern in ihrer Produktivität und Funktionalität für die Organisation nicht von ihren Kindern abgelenkt werden.

Erziehen zur Mensch-Maschine Auch die kleinen Männer und Frauen müssen ihre Produktivität unter Beweis stellen. Nichtstun ist verboten und deshalb wird schon den Kleinsten vermittelt, dass jeder etwas für die Organisation leisten kann. Bereits für Kinder sieht die Organisation das Auditing und den Reinigungs-Rundown vor – eine ermattende und alles andere als kindgerechte Beschäftigung.

Insofern ist ein Aussteigen der, bereits als Kinder zu Scientology gelangten, »kleinen Menschen« fast unmöglich. Sie kennen nur die scientologische Welt, sie sprechen nur die scientologische Sprache, Scientology ist ihr Leben. Auch die Gefühlswelt außerhalb Scientology ist ihnen fremd. Trost aussprechen, Weinen, dies alles ist für sie tabu – denn es belastet den Weg der Befreiung der Welt. Kinder sind das schwächste Glied in der scientologischen Kette, aber geformt als »emotionslos produktive« Mensch-Maschinen stellen sie die Zukunft von Scientology dar.

Scientology und die neuen Medien

Setzt sich Scientology für die Menschenrechte ein?

Der Verein »Jugend für Menschenrechte«

Das Internet ist für Scientology inzwischen zu einer der wichtigsten medialen Plattformen geworden. Auf YouTube, einer 2005 gegründeten Internetplattform, auf der kostenlos Film- und Fernsehausschnitte, Musikvideos und selbst gedrehte Filme eingestellt werden können, tritt eine Tarnorganisation der Scientology unter anderem mit folgendem Video auf:

Werbung für Menschenrechte

Eine Kinderstimme spricht:
Die Welt, die ich sehe ist gerecht und frei
Man kann in ihr reisen wohin es auch sei
Und Kinder haben Essen und Schuhe so schön
Und fürchten sich nicht, auf die Straße zu geh'n.

Es muss keine Regenbögen und Häschen geben oder Straßen in denen nur tanzende Menschen leben.
Aber Freiheit zu leben, zu lernen, fürs Spielen.
Einfach man selbst sein im Denken und Fühlen. Die Welt, die ich sehe, mag weit sein zu gehen.
Aber eines Tages, ich wünsche es mir, wirst auch Du sie sehn.

Hintergrundmusik verstärkt die zu transportierenden Emotionen. Der Text *„Unsere Erde – Impressionen"* wird eingeblendet. Schnitt. „Menschenrecht Nr. 28" wird in fluoreszierenden goldenen Buchstaben vor schwarzem Hintergrund eingeblendet. „Eine gerechte und freie Welt" steht darunter. Nächste Einblendung: „Was sind Menschenrechte?" Darauf folgt die Aufforderung in der nächsten Zeile: Erfahren Sie mehr unter: www.jugend-fuer-menschen-rechte.de

UN-Menschen-rechtskonvention

Der Account unter dem sich der Video-Clip zum Menschenrecht Nummer 28 befindet, lautet »Deine Menschenrechte«. Es werden weitere 29 Menschenrechte in Videoform dargeboten, hierunter auch die Menschenrechte auf »Leben«, »Demokratie«, »soziale Sicherheit«, »Bildung« und »faire Arbeitsbedingungen«. Es handelt sich um eine visuelle Interpretation der 30 Menschenrechte, die die Generalversammlung der Vereinten Nationen in der *Allgemeinen Erklärung der*

Menschenrechte (Resolution 217A (III)) am
10. Dezember 1948 deklarierte.

Des Weiteren bietet YouTube die Möglichkeit seinem Account Favoriten hinzuzufügen. Diese sind
unter dem eigenen Mitgliedsnamen zu erkennen.
Amnesty International, die Europäische Union
mit ihrem eigens für YouTube erstellten Kanal
EUTUBE, die UNICEF und der Verein »Sag Nein
zu Drogen – Sag Ja zum Leben« sind die virtuellen
Freunde von »Deine Menschenrechte«. Der Selbst-
darstellung des Users »Deine Menschenrechte«
kann wörtlich Folgendes entnommen werden:

**UN & EU: Scien-
tology-Freunde?**

> *Der Videokanal von Jugend für Menschen-
> rechte (Youth for Human Rights Internatio-
> nal) hat das erklärte Ziel Kinder, Jugend-
> liche und alle Menschen in Deutschland
> und auf der Welt über die 30 Rechte aufzu-
> klären, die jedem Menschen von Geburt an
> gehören – die Menschenrechte! Egal wel-
> cher Nation, Rasse, Hautfarbe oder welchen
> Glaubens Sie auch sein mögen – dies sind
> Ihre Rechte und niemand kann sie Ihnen
> nehmen. In dem Menschenrechte-Videoka-
> nal »Deine Menschenrechte« möchte Jugend
> für Menschenrechte die wichtige Botschaft
> der Menschenrechte in einer jugendgerech-
> ten Form präsentieren und so auch be-
> sonders ein jüngeres Publikum für diese
> Thematik interessieren – so dass diese sich
> in ihrem täglichen Leben (hier in Deutsch-
> land) für ihre Rechte und die Rechte ande-
> rer einsetzen und ihnen dadurch helfen,*

wertvolle Verfechter bei der Förderung von Toleranz und Frieden zu werden.

Die UNO stellte im September 2008 der Organisation »Youth for Human Rights«, also der amerikanischen Mutterorganisation von »Jugend für Menschenrechte«, für einen Jugendkongress mit über eintausend Teilnehmern aus 27 Ländern den Plenarsaal des UNO-Hauptquartiers in New York zur Verfügung. Außerdem erfolgte der Vertrieb der die 30 Menschenrechtsclips umfassenden DVD, »Youth for Human Rights«, durch den offiziellen Buchshop der Vereinten Nationen. Gänsehaut erzeugende Videos für Menschenrechte, Jugendliche als Hauptfiguren, als Hoffnung der Zukunft, das sprach auch Fernsehsender in Deutschland an und so strahlte das Deutsche Sportfernsehen (DSF) die Clips zur besten Sendezeit aus. Auch ein lokaler Fernsehsender aus Mecklenburg-Vorpommern sendete über ein Jahr lang die Menschenrechtsspots der Initiative Jugend für Menschenrechte. Dessen Einschaltquoten sind zwar nicht so hoch wie die von großen Fernsehanstalten, nach eigenen Angaben werden aber immerhin rund 54.000 Haushalte erreicht. Schüler und Lehrer bestellten die Videos für den Unterricht. Der Bürgermeister einer brandenburgischen Stadt zeigte den Video-Clip der Organisation »Jugend für Menschenrechte« zum Menschenrecht Nr. 12 (Das Recht auf Privatleben) beim Neujahrsempfang 2009 seiner Kommune.

Die Tarn-organisationen Scientology zeigt sich im Netz im zielgruppengerechten, modernen Gewand. Vorbei sind die Zeiten von harmlos wirkenden Werbematerialien und zerknickten Flugblättern. Scientology verfolgt seine triale Angriffsstrategie mit bestmöglichen Marketing-Instrumenten. Die Welt ist medial und Scientology weiß das für sich zu nutzen. Die Clips vermögen Emotionen dort zu erzeugen, wo Menschen ihre Welt zunehmend geistig strukturieren: vor dem Bildschirm. Die Gemeinschaft im Netz nennt sich Community und genau dort kann Scientology mit seinen Gemeinschaftsstrukturen fußen. Die Tarnorganisationen unter denen Scientology operiert, sind im Zeitalter des Internets immer präsent. Jugend für Menschenrechte ist so eine Tarnorganisation, ebenso die Organisation »Sag Nein zu Drogen – Sag Ja zum Leben«. Allen Tarnorganisationen gemeinsam ist, dass sie versuchen, sich in der Mitte der Gesellschaft zu platzieren, mit Themen, die bewegen: Drogen sind ein solches Thema, ebenso die dargestellten Menschenrechte. Das Internet bietet in allem eine scheinbare Transparenz. Aber die Flut an Informationen kann kaum noch gesichtet werden. Menschen sehen sich, sei es auf YouTube oder MyVideo, Clips des Users »Deine Menschenrechte« an, sind bewegt, sehen die Favoritenliste und vermuten offizielle Stellen, wenn nicht sogar die UNO dahinter. So funktioniert modernes Product-Placement: man macht sich das Image einer anderen Marke zueigen, indem man sie in Beziehung zu der eigenen Organisation setzt.

Aufklärung wirkt

Aufgrund der immensen Aufklärungskampagne verschiedener Stellen, wurde jedoch zunehmend bekannt, dass Scientology hinter der Bewegung

Jugend für Menschenrechte steckt. Hieran zeigt sich, wie wichtig Aufklärungsarbeit in der heutigen Zeit ist. Scientology reagierte und verlautet nunmehr auf der deutschen Internetpräsenz, dass die Scientology-Organisation die Bewegung Jugend für Menschenrechte unterstütze. Dieses aber nicht, ohne eine ähnliche Tarnorganisation im Internet zu etablieren: »United for Human Rights« mit seinem deutschen Ableger »Gemeinsam für Menschenrechte« (http://www.gemeinsam-fuer-menschenrechte.de) Alles nach dem gleichen Modus Operandi: ein professioneller Auftritt bei Youtube, ein Statement bei Twitter, etc.

Setzt sich Scientology für die Drogen-Prävention ein?

Scientology im Netz: Tarnung und Manipulation

Ein Blick auf die Seite von »Sag Nein zu Drogen – Sag Ja zum Leben« zeigt das subtile Vorgehen der Scientology-Organisation. Mit keinem Wort wird auf Scientology hingewiesen. Die Begrüßung auf der Seite erfolgt durch den Verein Sag Nein zu Drogen – Sag Ja zum Leben. Das klingt nach einer karitativen Organisation, insbesondere, wenn es sich um einen Verein handelt. Nicht jeder ist im Vereinsrecht bewandert, deshalb fällt es zunächst nicht weiter auf, dass die Anerkenntnis der Gemeinnützigkeit in Ermangelung des Zusatzes »eingetragen« (e.) fehlt. Denn erst dann gilt ein Verein in Deutschland als gemeinnützig im Sinne des Steuerrechts.

Sag-Nein-zu-Drogen-Sag-Ja-zum-Leben.org arbeitet, ebenso wie Jugend für Menschenrechte, mit professionellen, zielgruppengerechten Videos. Einer dieser Clips trägt den Namen »Sie haben gelogen«. Jugendliche werden in ihrer Abhängigkeit und damit in der Aufgabe ihrer Selbstbestimmung gezeigt. Aus dem Off wird der Text gesprochen: »Sie haben gesagt, dass Crack die Leistungsfähigkeit erhöht«, danach sieht man einen taumelnden Jugendlichen. »Sie sagten, Schnüffeln sei harmlos.«, »Er sagte, er würde mich für immer lieben, wenn ich Crack

„Sie haben gelogen"

rauche.«, »Sie sagten, Gras führt nicht zu härteren Drogen.« Diese und weitere Aussagen folgen, schnelle Schnitte, mitreißende Musik – das abschließende Statement lautet: »Sie haben gelogen.« Darauf folgt die Aufforderung »Sag-nein-zu-Drogen.org.«

Kritik online? Wer kritisch über Scientology berichtet, muss über sehr gute Argumente und einen noch besseren Rechtsbeistand verfügen. Scientology schöpft bei Kritikern und auch bei der Durchsetzung ihrer Ziele grundsätzlich den demokratisch geöffneten Weg der Justiz aus. So auch im Fall Mark Bunker, der ein Interview mit einem bekannten amerikanischen Aussteiger, dem Schauspieler Jason Beghe, bei YouTube publizieren wollte. Mark Bunker gilt seit Jahren als einer der führenden Kritiker von Scientology in den USA. Eine vermeintliche Copyright-Verletzung führte dazu, dass YouTube ihn von der Plattform ausschloss. Anwaltliches Hin und Her verhinderte die zeitnahe Ausstrahlung. Ob nun YouTube oder andere Portale wie MyVideo, das Web 2.0 bietet zahlreiche Möglichkeiten für eine zielgruppengerechte Imagewerbung. Und Scientology gelingt es auch hier, seine Kritiker zu schikanieren und ihnen das Wort zu entziehen. Mit Druck ist in der Welt des Internets und seiner Communities wenig zu erreichen: Menschen möchten sich, heute mehr denn je, in Freiheit zu etwas hingezogen fühlen. Deshalb versucht Scientology, genau wie zahlreiche andere Wirtschaftsunternehmen, ihre Kunden beeinflussend für sich einzunehmen und diesen gleichzeitig das größtmögliche Gefühl der freien Entscheidung zu vermitteln. Dabei achtet die Organisation darauf, dass sie weithin präsent ist und größtmöglichen Einfluss auf die verbreiteten Informationen nimmt. Hierzu bietet sich auch ein Wissensportal wie Wikipedia an.

Wikipedia ist im Jahr 2001 angetreten, Wissen zu demokratisieren. Jimmy Wales unterzeichnete, dass er das Wissen des Portals niemals verkaufen werde, es also kostenloses Wissen für alle bliebe. Durch die kostenfreie Nutzung wird Unbestechlichkeit signalisiert. Wikipedia wuchs seitdem ständig. Die Idee, dass Wissen dann umso objektiver wird, je mehr Menschen sich an der Erstellung dieses Wissens beteiligen, war als Grundgedanke hervorragend. Aber was, wenn sich Interessengruppen einer bestimmten Institution formieren und die anderen, die Abweichler, also die Kritiker, in demokratischer Form überstimmen? Welche Objektivität genießt dieses niedergeschriebene Wissen dann noch? Inwieweit können Falschaussagen demokratisiert zu Wahrheiten werden? Wann gilt es, Manipulation zu stoppen? Wikipedia hat diesbezüglich die Reißleine gezogen. Am 29. und 30. Mai 2009 wurde Scientology bei Wikipedia gesperrt. Die Begründung: Schönfärberei und das Löschen kritischer Beiträge. Seit Jahren hatte es hinter den Kulissen gebrodelt. Objektive Schreiber wurden von Interessenvertretern Scientologys überstimmt, Beiträge gelöscht und durch scientologische Propaganda ersetzt. Doch was wurde mit der Löschung einiger bekannter scientologischer IP-Adressen, dem virtuellen Fingerab-

Sperrung auf Wikipedia

druck jedes im Internet angemeldeten Computers, erreicht? Es ist zu bezweifeln, dass die Sperrung von IP-Adressen erkannter Scientologen hilft, die schleichende Unterwanderung zu stoppen. Scientology verfügt über zahlreiche »scientologische Schläfer«, also bislang unauffällige Internetnutzer, die in kürzester Zeit aktiviert werden können. Dies gilt auch für die zahlreichen Blogs und die geposteten Forenbeiträge. Blogger, Facebooker, Xings, die Liste der medialen Verbreiter, die auf das Konto von Scientology gehen, ließe sich endlos weiterführen. Wenn man jemanden als netten Kerl im Forum für Hundebesitzer kennenlernt und dieser einem beispielsweise ein Kommunikationstraining empfiehlt, hat dies zumeist einen größeren Stellenwert als eine Zeitungsannonce. Die Community genießt Vertrauen, die meisten Nutzer sind ihrer Gemeinschaft treu. Dies macht sich auch Scientology zunutze. Unter dem Deckmantel der Normalität, mit guten Ansichten, dem Herz auf dem rechten Fleck, bringt sich Scientology in die Mitte der Gesellschaft. Ob Drogen, Psychiatrie oder Kinder, denen Ritalin verabreicht wird; Scientology gibt vor, auf der Seite der Schwachen zu stehen. Sie mimt den gesellschaftlichen Mahner. Dies im offiziellen Gewand, aber auch über die zahlreichen Tarnorganisationen. Hinzu kommen die unerschöpflichen Möglichkeiten des Internets.

Offene Werbung Neben den verdeckten Tarnorganisationen und Einzelkämpfern im Sinne der Scientology-Organisation, dient sich auch die offizielle Organisation den Menschen an. Wie aus einem Lehrbuch für Social Sponsoring muten die Pressemeldungen an, die über zahlreiche Online-Presseagenturen verbreitet werden: Hilfe nach Erdbeben, Danksagungen von Regierungen, Spenden, Anerkennung der Scientology-Kirche in anderen Ländern, etc. Genutzt werden moderne Kommunikationskanäle, zu denen auch Twitter gehört. Auch Scientology ist in dieser Gemeinschaft vertreten. Gibt man zum Beispiel den Suchbegriff »Scientology« ein, so erscheinen mindestens alle 20 Minuten Beiträge über Scientology. Zum einen offiziell von der Scientology-Organisation, zum anderen auch von vermeintlich »freien« Usern, welche einfach mal kurz »twittern« möchten, dass sie Scientology und ihre Aktivitäten gut finden. Diese positiven Kommentare finden sich selbstverständlich auch zu den zahlreichen Tarnorganisationen von Scientology.

Facebook ist ein weiteres, seit 2008 in Deutschland existierendes Internetportal, auf dem sich Personen, Personengruppen oder fiktive Charaktere vorstellen können. Auch hier gibt es die Möglichkeit, Freundschaften zu schließen. Seinen Freunden kann man Nachrichten hinterlassen, mit ihnen chatten, etc. StudiVZ für Studenten, SchülerVZ für Schüler und Xing für Geschäftsleute sind einige Beispiele von anderen modernen Netzwerken, die ähnlich wie Facebook funktionieren. In all diesen Portalen ist Scientology vertreten. Bei Facebook zum Beispiel kann man David Miscavige, den derzeitigen Vorsitzenden der Scientology-Organisation, zu seinem

Freundschaft mit Ron Hubbard

Freund machen. Ebenso kann man posthum mit L. Ron Hubbard, dem Gründer der Organisation, befreundet sein.

Netzwerk-Methoden

Scientology verfährt hierbei immer nach demselben Prinzip. Verdeckt auftretend, werden in sozialen Netzwerken Kontakte geknüpft und ausgebaut. Viele User, die auf diese Art und Weise mit Scientology kommunizieren, merken oft nicht, mit wem sie sich umgeben. Scientology tritt allerdings auf allen Plattformen auch mit einem offiziellen »Scientology-Kirche-Account« auf. Scientology hat die Zeichen der Zeit erkannt und durchsetzt das Internet bereits in weiten Teilen. Für diesen Erfolgs- und Expansionskurs bedarf es dreier Dinge: Erstens der entsprechenden Man-Power, die Scientology mit seinen zweifelsohne getreuen Anhängern besitzt. Zum Zweiten ist Zeit vonnöten, denn Vertrauen gewinnt man nicht von heute auf morgen. Die Organisation ist geübt im Umgang mit langen Zeitspannen, denn auch von der Gründung bis zur Anerkennung der Gemeinnützigkeit bedurfte es im Mutterland der Organisation, den USA, über 40 Jahre. Drittens kostet ein solches Unterfangen sehr viel Geld. Die scientologische Kriegskasse (war chest) ist allerdings derart prall gefüllt, dass auch der im Internet geführte »Vielfrontenkrieg« nicht an den Mitteln scheitert. Somit erfüllt die Scientology-Organisation die wichtigsten Voraussetzungen und ist, nicht zuletzt durch ihren eigenen weltweit operierenden Geheimdienst, auch logistisch in der Lage, derart umfangreiche Operationen professionell durchzuführen.

Vor Internetgefahren wie Viren und Trojanern, die Hardware und Software zerstören oder manipulieren, werden wir täglich mehrfach gewarnt. Seelenfänger à la Scientology können ohne Warnhinweise grenzenlos operieren.

Wahrnehmung, Sprache und Abhängigkeit

Macht Scientology abhängig?

Wie das scientologische Kurssystem funktioniert

Scientology versorgt seine Mitglieder mit einem sehr umfangreichen Angebot an Kursen. Diese Kurse, die Menschen zu einem glücklichen, unverletzbaren und unsterblichen Lebewesen machen sollen, werden in ihrer Gesamtheit als die »Brücke zur völligen Freiheit« bezeichnet.

Scientologisches Studium

Scientology-Kurse sind für jeden verständlich aufgebaut. Ab dem ersten Kurs handelt es sich bei jedem neuen Mitglied um einen sog. Studenten, der fortan das »Studium der Scientologischen Lehren« betreibt. Dies soll den wissenschaftlichen Charakter des Kurssystems unterstreichen, wie es auch unentwegt in den Schriften von L. Ron Hubbard erfolgt. Außerdem erzeugt der Titel »Student« bei vielen Menschen ein Gefühl von Anerkennung.

Heimkurse sind erfahrenen, an die Organisation gebundenen Scientologen vorbehalten. Der scien-

Einstieg

tologische Anfänger soll beim Absolvieren der Kurse angeleitet und in den Räumen der Scientology beaufsichtigt werden. Mit einem Kursverwalter (»course administrator«) erfolgt die Kurszusammenstellung, sowie die Planung, in welcher Reihenfolge die Kurse abgelegt werden sollen. Hierfür werden die Ergebnisse der ständig aktualisierten Persönlichkeitsanalysen, des Persönlichkeitstests Oxford Capacity Analysis (OSA), der bereits durchgeführten Auditings und der Wissensberichte herangezogen. Der Studierende soll sich dadurch von Anfang an aufgehoben, eingebettet und individuell betreut fühlen. Die Einsteigerkurse bei Scientology sind relativ preisgünstig, sie kosten nicht mehr als 50 Euro. Hierzu gehören beispielsweise die Kurse »Persönliche Werte und Integrität«, »Der Weg zum Glücklichsein«, »Probleme bei der Arbeit«, sowie der Kommunikationskurs. Die Einstufung der Studierenden wird ihren Bedürfnissen entsprechend vorgenommen.

Kursablauf Ein Kurs besteht in der Regel aus einem Kursheft und dem Anrecht, den Kurs in einer Scientology-Einrichtung zu absolvieren. Unter Anleitung eines Scientology-Mitarbeiters, einem sog. »Kursüberwacher«, begibt sich der Studierende in den Kursraum, meldet sich dort beim Kursüberwacher an und beginnt den Kurs eigenständig zu bearbeiten. Der Kursteilnehmer befindet sich zumeist mit anderen Teilnehmern im Kursraum, die ebenfalls ihre jeweiligen Kurse bearbeiten. Die Bearbeitung der Kurse findet nicht in Gruppenarbeit statt, sondern jeder Student bearbeitet individuell seinen Kurs. Es gibt demnach keine festen Kurszeiten, sondern jeder Teilnehmer vereinbart seine eigenen Studienzeiten mit dem Kursverwalter. Dieser ist auch grundsätzlich im Kursraum anzutreffen, so dass sich die Teilnehmer bei Fragen an ihn wenden können. Ziel dieser Kurse ist nicht die eigene Interpretation der Kursinhalte, sondern lediglich das sukzessive Auswendiglernen und Verinnerlichen der scientologischen Lehre.

Das Wortklären
Für Studierende der scientologischen Lehre gibt es keinerlei eigenen Interpretationsspielraum. Beim sog. „Wortklären" sollen Begriffe grundsätzlich im scientologischen Sinne verstanden werden. Unter „Wortklären" wird das Erlernen der Definition eines Begriffes verstanden, die Umdeutung von bestehenden Begriffen sowie das Erlernen von Neologismen (Wortneuschöpfungen), die dann per Definition bestimmt werden. Das Wortklären wird wie eine Wissenschaft betrieben und erzeugt dadurch den Anschein, den ‚objektiven' Wortsinn zu ergründen. Einer der scientologischen Neologismen ist der Ausdruck „Zunge gelähmt". Zunge gelähmt, bedeutet die Unfähigkeit zu sprechen aufgrund von Schüchternheit, Verlegenheit oder Überraschung. Auch „ungeladene Frage" ist eine scientologische Wortneuschöpfung und bedeutet, dass jemand eine Frage ohne emotionale oder unangenehme Bedeutung stellt. Alle sciento-

logischen Neologismen sind von der scientologischen Ideologie durchdrungen: Das
Emotionale gilt als störend, als den Geist
belastend. Diese „negative Ladung" enthält die als „ungeladene Frage" bezeichnete Frage nicht; d. h. sie ist unbeschwert
von emotionalem Ballast und gehört damit
in die Sphäre des analytischen Verstands.
Nach scientologischer Lehre ist es der analytische Verstand, der zur „Heilung der
Welt" führen wird. Das Wortklären dient
demnach der ideologischen Beeinflussung
der Studierenden, die durch Neubewertung
und Neudefinition von Begriffen nach und
nach zu einer – scientologisch wünschens-
werten – Neuausrichtung ihrer Meinungen,
Einstellungen und Bewertungen erzogen
werden.

Tonskala Das Gefühlsbarometer der Scientologen, mit dessen Hilfe die Gefühlslage eines Menschen er-
mittelt und bewertet wird, heißt »Tonskala«. Die
Tonskala bewertet auf einer Spanne von – 40
(»Totales Versagen«) bis + 40, der »heiteren Gelas-
senheit des Seins«, die Entwicklung der Studierenden. Der Mittelwert, die Stufe 0, bedeutet den
»körperlichen Tod«. Die Arbeit mit der Tonskala
kann als Neubewertung der Gefühle bezeichnet
werden. Für die Organisation »gefährliche« Ge-
fühlsregungen, wie z. B. Mitleid, gilt es abzuwer-
ten, um es den Studierenden abzugewöhnen und
es in der Folge abzuschaffen. L. Ron Hubbard bezeichnete Mitleid als ein Gefühl, das »das Überle-

benspotential mindert«. Insofern erfolgt die Einstufung für »Mitleid« auf der Tonskala bei einem unteren Wert von 0,9 und befindet sich nur knapp über den Einstufungen von Tod (0) und »Unwürdigkeit« (0,3). Allerdings liegt dieser Wert weit entfernt von der positiveren Bewertung der Empfindung »Desinteressiert« (2,6).

Der mit dem Teilnehmer ausgearbeitete Stundenplan ist unbedingt einzuhalten. Dies zu lernen, gehört zur ersten scientologischen Organisationspflicht. Dabei achtet Scientology sehr darauf, dass die Kurse schnell aufeinander folgen, um dem Mitglied mehr Kurse verkaufen zu können. Kurse werden nicht nur theoretisch vom Kursteilnehmer konsumiert und studiert, sondern das theoretisch Erworbene soll auch durch praktische Übungen scientologisch gefestigt werden. Scientology nennt diese praktischen Übungen »Trainingsroutinen« (TR). Scientologisch korrektes Verhalten und Denken soll belohnt, Andersartiges abgewertet und bestraft werden. Insbesondere der Kommunikationskurs »Erfolg durch Kommunikation« soll den neu gewonnenen Scientologen auf den Umgang mit kritischen Gesprächspartnern, Kritik und verbalen Attacken vorbereiten. Die Trainingsroutinen des Kommunikationskurses beginnen mit der Übung Null-A »dasitzen« und führen über die Übung TR 2-C »Vollständige Bestätigung« und TR 2-E »Nicht Antworten« zu Trainingsroutine TR 4-C »Unterhaltung beenden«. Mit Erreichen von TR 4-C wird der Kurs abgeschlossen. In diesem Grundlagenkurs werden dem Teilnehmer,

Trainingsroutinen

der als Scientologe voraussichtlich auch in schwierige Gesprächssituationen geraten wird, die Grundlagen einer – auch unfair – zu führenden Unterhaltung vermittelt. Er lernt das Zuhören genauso wie das Sprechen trotz Störung, er lernt das Anschauen seines Gesprächspartners ebenso, wie das nur scheinbare Beantworten einer Frage, er lernt eine Unterhaltung zu beginnen und sie zu beenden. Scientology führt seine Anhänger demnach bereits in den Anfängen in die, für die Organisation typische, rhetorische Welt des Antwortens ohne Antwort ein und befähigt sie dazu, ein Gespräch zu steuern. Im praktischen Teil des Kommunikationskurses üben Kursteilnehmer solange miteinander, bis sie die scientologischen Rhetorikfeinheiten vollständig verinnerlicht haben. Im Zweifel steht auch der Kursüberwacher als Gesprächs-Sparringspartner zur Verfügung, um an den letzen rhetorischen und habituellen Details zu feilen.

Bindung durch Anerkennung

Die Kursüberwacher sind gehalten, bei gutem Erarbeiten der Kurse ein schriftliches Lob auszusprechen, das dem Kursteilnehmer ausgehändigt wird. Über das Absolvieren des Kurses erhält er zudem ein Zertifikat, das in seiner Akte aufbewahrt wird. Scientology versucht dabei von Anfang an, eine enge Bindung zwischen Teilnehmer und Organisation entstehen zu lassen: Dies geschieht zunächst vor allem durch Anerkennung und Lob, die dem Teilnehmer suggerieren, erfolgreich zu sein. Ebenso durch eine enge zeitliche Einbindung und die große Verbindlichkeit mit der auf das Einhalten der Kurse bestanden wird.

Begleitet werden die ersten Kurse für körperlich gesunde Teilnehmer mit einem sog. »Reinigungs-Rundown«, der aus bis zu fünfstündigen Saunagängen in Verbindung mit der Einnahme von zahlreichen hoch dosierten Vitaminpräparaten besteht. Aus scientologischer Sicht wird der Körper durch diese exzessiven Saunagänge und die Vitamine vom Unrat des Vor-Scientologischen-Lebens befreit. Ob Drogen, Umwelteinflüsse oder ,verseuchte' Nahrung, alles wird ausgeschieden. Dadurch soll der Körper immun werden gegen Krankheiten und selbst vor radioaktiver Strahlung geschützt sein.

Reinigungs-Rundown

Auf dem Weg zum Clear müssen eine Reihe von zermürbenden Trainingsroutinen absolviert werden. Dazu gehört das sinnlose Führen eines anderen durch den Raum ebenso, wie das Üben von Befehlen und Befehlsschreien. Sich anschreien lassen ist auch Teil des scientologischen Entwicklungskonzepts. Daneben müssen zahllose Auditings ertragen werden und laufend neue Kurse besucht werden. An jedem »Geklärten« verdient Scientology mindestens 15000 Euro; oft auch weitaus mehr. Der Weg zum Clear ist also äußerst kostspielig.

Es gibt auch Fallstricke, die den Weg zum Clear verlängern können. Wird man beispielsweise des nicht-scientologengemäßen Verhaltens angeklagt, kann man zu einem »Ethikfall« werden. Kritik zu äußern kann ein solches Vergehen sein. Darüber hinaus erstellen Scientologen »Wissensberichte« über das Verhalten ihrer Mitscientolo-

Ethikfall

gen. Auch in diesen Berichten kann sich belastendes Material befinden, das mittels Auditing »therapiert« werden muss. Die Zielrichtung ist offensichtlich: Mitglieder von Scientology müssen unbedingten Gehorsam gegenüber der Organisation leisten. Nonkonformes Verhalten wird unmittelbar sanktioniert. Maßnahmen hierzu sind unter anderem Straf-Auditing und Strafkurse. Bei Scientology werden demnach nicht nur Nicht-Scientologen »gehandhabt«, sondern ebenso die Mitglieder der Organisation. Für den Einzelnen bedeutet dies einen weiteren Verlust der Autonomie, für die Organisation ist es ein finanzieller Gewinn, da auch Strafkurse und -auditing bezahlt werden müssen.

Clear Hat ein Scientologe die Stufe Clear erreicht, besteht in der Regel keinerlei Kontakt mehr zu kritischen Familienangehörigen und Freunden. Die gesamte Freizeit wird scientologisch verbracht: mit Kursen oder produktiv für die Organisation. Der cleare Scientologe schreitet nun voran zu den Stufen zum Operierenden Thetan (OT). Verbunden ist das erfolgreiche Absolvieren der jeweiligen Stufen mit der Offenbarung besonderer Geheimnisse der Welt und des eigenen Ichs. Es wird prophezeit, dass mit jeder neuen Stufe mehr erfahren werde über die Ursachen für Krankheiten, die eigene Fehlerhaftigkeit, und dass die fortschreitende Entschlüsselung vorheriger Leben stattfinde. Die erste OT-Stufe soll Licht bringen in die Entstehung des Universums. Scientologisch gesprochen wird hier das physische Universum erklärt, das sog. »MEST«. MEST

WAHRNEHMUNG, SPRACHE UND ABHÄNIGKEIT

ist ein Akronym für Matter, Energy, Space und Time, also für die Zusammensetzung des Universums aus Materie, Energie, Raum und Zeit. Die OT II Stufe führt hinter das Geheimnis der eigenen früheren Leben. Scientologisch formuliert heißt das: die »Fähigkeit die Gesamtspur zu konfrontieren«. Auf der letzten freigegebenen OT Stufe Nummer VIII wird das Geheimnis »des hauptsächlichen Grundes für Amnesie auf der Gesamtzeitspur in Ordnung« enthüllt.

So zieht Scientology seine Anhänger mehr und mehr in den Bann, bindet sie weiter und lässt sie glauben, dass es immer noch ein »Mehr« gibt, das es zu verstehen gilt. Dem bis dahin Gelangten wird das Gefühl des Auserwählten vermittelt, der es schaffen kann, die Welt zu retten. Das Gefühl, ein besonderer Erdenbürger zu sein, zieht sich wie ein roter Faden durch die Seelenfängerei der Organisation.

Zu diesem Zeitpunkt, also dem Erlangen der oberen OT-Stufen, ist ein Leben außerhalb der Organisation kaum zu realisieren. Kontakte zu Andersdenkenden wurden vor langer Zeit beendet, und der Scientologe befindet sich in starker Abhängigkeit, sowohl ideell als auch finanziell, von der Organisation.

PROZESSING

Grad als PLG	Name der Zustände	Auditäre Bereich	Vorbedingungen	Besäßte/des Fürs ins Aud/ers	Literatur/en Pädagogen
OT XV					
OT XIV					
OT XIII					
OT XII					
OT XI					
OT X					
OT IX					
OT VIII					
OT VII					
OT VI					
OT V					
OT IV					
OT III					
OT II					
OT I					
CLEAR					

Die Stufen von Clear bis OT XV

Verfügt Scientology über eine eigene Sprache?

Wie Scientology das Denken verändert

Ein Eingriff in das Sprachsystem hat weitreichende Folgen für die menschliche Wahrnehmung und das menschliche Denken, da die Wahrnehmung der Wirklichkeit und die Strukturierung von Wissen in Begriffen erfolgt. Scientologische Begriffe und ihre Bedeutung sind daher wie Vokabeln auswendig zu lernen, um dadurch das Bewusstsein zu verändern. Begriffe, die es im Wortklärungsverfahren zu »klären« gilt, sind entweder im normalen Sprachgebrauch nicht existent oder werden bei Scientology sinnentfremdet verwendet. Sprache ist wichtiger Bestandteil der Kultur, Sprachkenntnis bindet an die jeweilige Kultur. Insofern soll der Scientologe an die scientologische Kultur gebunden werden. Damit geht einher, dass die Sprache außerhalb der Organisation für Scientologen zunehmend fremd erscheint. Da der Kontakt zu Nicht-Scientologen und damit das Verwenden der ursprünglich erlernten Sprache und ihrer Bedeutung unterbunden werden, geht es Scientologen wie Menschen, die lange im Ausland leben: ihre Heimatsprache geht mehr und mehr verloren, wenn sie nicht regelmäßig weiter verwendet wird. Dadurch werden Scientologen auch sprachlich ihrer früheren Identität entfremdet.

A-R-K Die Welt soll im Sinne der Organisation verstanden werden. Verstehen im scientologischen Sinn setzt sich aus drei Eckpunkten zusammen: Affi-

nität, Realität und Kommunikation. Was Scientology unter diesen Begriffen versteht, wird nach-
folgend in den Worten der Organisation erläutert.

„Das ARK-Dreieck
Es gibt in Scientology drei Faktoren, die bei
der Bewältigung des Lebens von größter Be-
deutung sind. Diese drei Faktoren beant-
worten die folgenden Fragen: Wie sollte ich
zu anderen Leuten sprechen? Wie kann ich
anderen Leuten neue Ideen vermitteln? Wie
kann ich herausfinden, was die Menschen
denken? Wie kann ich meine Arbeit besser
bewältigen? Diese drei Faktoren werden in
der Scientology das ARK-Dreieck genannt.
Die Abkürzung ARK (sprich A-R-K, nicht Ark)
ist einer der nützlichsten Ausdrücke, der je
erdacht wurde. Das ARK-Dreieck trägt die
Bezeichnung Dreieck, weil es aus drei auf-
einander bezogenen Punkten besteht. Der
erste dieser Punkte heißt Affinität. Der
zweite dieser Punkte heißt Realität, und der
dritte und wichtigste heißt Kommunikation.
Diese drei Faktoren stehen zueinander in
Beziehung. Mit Affinität meinen wir die
emotionelle Reaktion. Wir meinen das Ge-
fühl der Zuneigung oder ihres Mangels, das
Gefühl von Emotion oder Missemotion (un-
vernünftige oder unangebrachte Emotion),
die mit dem Leben verbunden ist. Unter Rea-
lität verstehen wir die festen Gegenstände,
die realen Dinge des Lebens. Unter Kommu-
nikation verstehen wir einen Austausch von

Im scientologischen Sinn bedeutet das ARK-Dreieck nichts anderes, als das Verstehen der Welt im Sinne der Scientology Organisation. Affinität steht dabei für den Bezug, den Menschen zu etwas haben, die Realität ist das Leben und die Kommunikation stellt das Leben in verbaler Form dar. Scientology geht davon aus, dass insbesondere zwischenmenschliche Beziehungen durch ein funktionierendes ARK-Dreieck hergestellt bzw. verbessert werden können. Wichtig ist hierzu zunächst die Kommunikation. Da die Punkte des Dreiecks einander bedingen, führt nach scientologischem Verständnis die Veränderung eines Parameters zur Verschiebung des gesamten »Weltverständnisses«. Bei einer Zunahme der Kommunikation werden somit auch Realität (im scientologischen Sinn Übereinstimmung) und Affinität (gegenseitige Anziehung) steigen. Umgekehrt kann dieser Prozess selbstverständlich auch erfolgen, so dass beispielsweise die Kommunikation oder ein anderer Punkt abnimmt. In diesem Falle spricht Scientology von einem »ARK-Bruch«, bei dessen Erleiden der Scientologe die Dinge nicht mehr wie vorgeschrieben scientologisch verstehen kann. Um dieses aber wieder zu ermöglichen, gibt es spezielle Auditingverfahren, die den ARK-Bruch heilen. Gerade die Beschreibung dieses ARK-Dreiecks als Messlatte für zwischenmenschliches Verstehen verdeutlicht die eher maschinelle, gefühllose Herangehensweise der Scientology-Organisation an zwischenmenschliche Beziehungen.

»Gewinne erzielen« gehört im gesamten scientologischen Konzept zu den obersten Zielen. »Gewinne erzielen« als scientologische Formulierung bedeutet, dass jemand für sich einen Erfolg verbuchen kann. Insofern ist auch der Kursüberwacher gehalten, niemanden aus dem Kurs zu entlassen, ohne dass derjenige einen »Gewinn« erzielen konnte. Wenn bereits die Sprache materiell ausgerichtet ist, findet die Einbindung des Einzelnen in ein materielles System, in dem der Verkauf oberste Priorität genießt, einfacher statt. Ob Auditing, Kursteilnahme, Trainingsroutinen und mehr, alles muss mit einem »Gewinn« verbunden werden. Dadurch soll jeglicher Aspekt der Organisation für ihre Mitglieder positiv besetzt werden. Was man als Autosuggestion bezeichnen kann, nennt Scientology »Gewinne erzielen«.

Gewinne erzielen

Das scientologische Kurssystem zieht Teilnehmer schnell in ihren Bann. Scientologen werden von Anfang an durch Konditionierung und positive Verstärkung auf scientologisches Verhalten,

Denken und Sprechen getrimmt. – Bis sie nicht mehr wissen, wer sie einmal gewesen sind, sondern nur noch, wer sie zu sein wünschen: ein Operierender Thetan.

Absichten und Ziele

Strebt Scientology die Weltherrschaft an?

Was die Organisation wirklich will

Sowohl aus zahlreichen Schriften der Sciento-logy, als auch aus aktuellen Verlautbarungen von Führungskräften, ergeben sich konkrete Anhalts-punkte, dass die Organisation auf eine »neue Zi-vilisation« hinarbeitet. Hierbei handelt es sich nicht um eine nach herkömmlichen Vorstellun-gen weiterentwickelte Welt. Nach den Plänen von Scientology soll der Planet Erde schlicht »ge-klärt« werden.

Weltweit sollen die scientologische Verwaltung, die scientologische Technologie und das sciento-logische Rechtssystem verbreitet werden. Die jetzt existierenden Rechtsstaaten sollen außer Kraft gesetzt werden. Gelten soll nur noch das System Scientology, in dem Widerspruch nicht geduldet wird und Andersdenkende kein Exis-tenzrecht haben. Nach quasi-rassistischen Ge-sichtspunkten soll eine rein scientologische Ge-sellschaft gezüchtet werden. Bei Ron Hubbard

Weltherrschaft

wird die Grundlage dieser neuen Weltordnung so beschrieben: *»Eines Tages wird es vielleicht ein viel vernunftgemäßeres Gesetz geben, das nur Nichtaberrierten erlaubt zu heiraten und Kinder in die Welt zu setzen.«*[10]

Die Scientology Organisation bekennt sich auch in neueren Schriften zu ihrem Ziel, die Welt zu verändern:

»Ja – es herrscht Krieg. Aber es ist nicht in Afghanistan. Der ist nur ein Geplänkel in dem wirklichen Krieg, der seit Anbeginn der Geschichte auf diesem Planeten wütet. (…) Es (das Jahr 2001) hat den Menschen auf dieser Welt gezeigt, (…) dass das Einzige, für das es sich letzten Endes zu kämpfen lohnt, genau das ist, wofür wir kämpfen. (…) L. Ron Hubbard hat uns die Strategie gegeben, einen Planeten zu retten. (…) In diesem Jahr haben wir nicht einfach nur expandiert. In jedem Sektor haben wir riesige Schritte gemacht, indem wir Expansionstriebwerke aufgestellt haben.«[11]

Clear world Scientologen betrachten sich in ihrem ideologischen Selbstverständnis als die Einzigen, die diese Welt retten können. Aberrierte haben die Welt zu dem gemacht, was sie heute ist: Ein Planet, der geprägt ist von Kriegen, Atomwaffen, Umweltzerstörung und Wirtschaftskrisen. Die Strategie zur Weltherrschaft lautet: Clear Scientology, Clear Deutschland, Clear Europa, Asien, etc. – Clear world! Dass die Weltherrschaft nicht von heute auf morgen zu erobern ist, weiß auch Scientology. Insofern gilt es, die einzelnen geografischen und gesellschaftlichen Bereiche nach und nach für sich einzunehmen.

Scientology verfolgt eine triale Angriffsstrategie gegen die bestehende Weltordnung. Trial bezieht sich auf die drei großen Bereiche Gesellschaft, Wirtschaft und Politik. Diese Bereiche gilt es scientologisch zu infiltrieren. Die Liste der Infiltrationsmöglichkeiten scheint für die Organisation dabei schier unendlich. Karitatives Wirken, in allen Bereichen des gesellschaftlichen Lebens, soll die Herzen der Menschen erobern. Langsam aber stetig soll die Vorstellung von Scientology als einer hilfsbereiten Gut-Menschenorganisation wachsen. Wenn dieses Image in den Köpfen der Menschen verfestigt ist, so die scientologische Strategie, werden auch die anderen Widerstandsbereiche in Politik und Wirtschaft fallen.

Eroberung der Herzen

Infiltriert Scientology die Politik?

Wie Einfluss auf Entscheidungsträger genommen wird

Präsenz zeigen Auf die Politik einzuwirken, sie mitzugestalten, stellt für Scientology ein hohes, wenn nicht das höchste Ziel dar. Auf die Gestaltung der Gesellschaft kann durch die Politik Einfluss genommen werden und insofern versucht die Organisation im Kleinen – aber auch im Großen, also auf bundespolitischer Ebene – auf politische Entscheidungen einzuwirken. In der heutigen Zeit bedeutet »Fußen im Bereich der Politik«, primär Lobbyarbeit zu leisten. Lobbyismus ist ein leises Geschäft, das von den persönlichen Beziehungen zwischen Politiker und Lobbyist lebt. Vor diesem Hintergrund ist bereits die Standortwahl zu sehen: Orgs, Ideale Orgs und Celebrity Center werden grundsätzlich in den Landeshauptstädten und Metropolen erbaut. Scientology möchte schon durch ihre Gebäude präsent sein, auch in den Köpfen der Politiker.

Durch die Aufklärungsarbeit der unterschiedlichen Stellen in den vergangenen Jahren, ob öffentlich, kirchlich oder privat, hat Scientology, zumindest derzeit, ein negatives Image, das es »aufzupolieren« gilt. Durch freundliche Informationsschreiben, freundliches Herausstellen der eigenen Opferrolle, freundliches Verweisen auf die angeblich bestehende Anerkennung als Religionsgemeinschaft, freundliches Übersenden von DVDs und anderen Propaganda-Materialien, wird immer wieder Kontakt zu Politikern hergestellt. Mitarbeiter der Scientology, insbesondere der Pressestellen, suchen das Gespräch mit Entscheidungsträgern. Berichte über Guttaten und Verbindungen zu Hollywoodprominenz unterstützen zusätzlich das zur Schau gestellte Image einer wohltätigen und letztlich harmlosen Organisation.

Datensammlung

Die OSA – Pressestelle und gleichzeitig Geheimdienst der Scientology – hat eine besondere Rolle bei der Werbung von Politikern. Sollte es Scientology gelingen, eine Handvoll deutscher Entscheidungsträger von sich und der »Gutmenschenausrichtung« der Organisation zu überzeugen, wäre dies ein großer Erfolg. Für die Organisation gilt jeder Politiker als »besonders wichtige Person«. Die OSA kontaktiert Politiker nicht nur, sie sammelt auch Unmengen an personalisierten Informationen und Daten über deren Leben. Es genügt bereits, dass ein Angehöriger oder Bekannter eines Politikers der Organisation gegenüber »offen« ist. Auch hier verschafft sich die Organisation Zutritt über die Hintertür: Sie wird versuchen, über die privaten Kontakte Einfluss auf diesen Politiker zu nehmen, und ihn so ganz unauffällig für ihre Zwecke einzuspannen.

Welche Rolle spielen Hollywood-Stars für Scientology?

Warum Tom Cruise so bedeutend für die Organisation ist

Tom Cruise und John Travolta sind »Vorzeigepromis« von Scientology. Wo sie auftreten, werden sie hofiert und geehrt. Häufig verschwimmen dabei die Grenzen zwischen der realen und der fiktiven Welt.

Bambi für Courage

So erhielt Tom Cruise für das Spielen der Rolle des Hitlerattentäters Claus von Stauffenberg in dem Film »Valkyrie«, den Bambi in der Kategorie »Courage«. Es war das erste Mal, dass dieser Preis verliehen wurde, zuvor hatte es die Kategorie Courage nicht gegeben. Das Image des aufrichtigen Kämpfers und die mutige Tat wurden so von der historischen Figur auf den Schauspieler Tom Cruise übertragen. Dass Tom Cruise Scientologe ist, ist weithin bekannt. In diesem Zusammenhang wurde diese fragwürdige Mitgliedschaft jedoch nicht problematisiert, vielmehr strahlte das Image des aufrichtigen Einzelkämpfers auch auf Scientology ab.

Karrieremotor

Prominente scheinen auf alles eine Antwort zu wissen und vielfach wird ihnen, im Gegensatz zu wirklichen Experten, Gehör geschenkt. Warum also nicht ausprobieren, was Tom Cruise zum Erfolg verholfen hat? Warum nicht derselben Organisation Vertrauen schenken, der auch

Tom Cruise den Glauben schenkt? Der Gedanke, dass die Organisation so schlimm nicht sein könne, ist auch für Stars häufig der erste Schritt einer, möglicherweise folgenreichen, Unterschätzung der Scientology. Die Beweggründe der Stars in den USA, sich einer Organisation wie Scientology anzuschließen, sind denen von weniger prominenten Menschen ganz ähnlich. Vordergründig könnte es die Ursache haben, dass Scientology in den USA als Kirche etabliert ist, und eine Zugehörigkeit zu ihr so selbstverständlich ist, wie in Deutschland die Zugehörigkeit zur katholischen oder evangelischen Kirche. Vergessen wird in diesem Zusammenhang, dass Scientology seit ihrer Gründung auch in den USA durchweg kritisch begleitet wird. So veröffentlichte die New York Times beispielsweise im März 2010 einen kritischen Artikel zum Umgang der Organisation mit Mitarbeitern und Aussteigern.

Tom Cruise

Die Stars gelangen zu Scientology wie jeder Durchschnittsbürger auch. Häufig sind Stars einsame Menschen. Diese Einsamkeit ist die Schattenseite des Ruhmes, denn Stars müssen sich immer wieder fragen, wer wirklich an ihnen interessiert ist und wer nur ein wenig in ihrem Glanze strahlen möchte. Scientology vermittelt ihnen das Gefühl, dass es um ihre Person und

Doppelter Gewinn

nicht um ihre Prominenz geht. Man interessiert sich für den Prominenten als Menschen. Auf der Suche nach Sinn und Zugehörigkeit verfangen auch sie sich im Kursnetz, in den Versprechen von Glück und den Verheißungen der Unsterblichkeit. Prominente bedeuten für die Organisation doppelten Gewinn: Durch Kurshonorierungen und Spenden erfolgt der materielle Zugewinn, über das Abstrahlen des Glamours auf Scientology erfolgt ein gigantischer Imagegewinn.

Nimmt Scientology Einfluss auf die deutsche Wirtschaft?

Wie die Organisation Unternehmen infiltriert

Scientology weiß, dass die Erlangung der Weltherrschaft ohne die Infiltration der Wirtschaft nicht funktioniert. Die Interessen der Wirtschaft sind gebündelt in mächtigen Wirtschaftsverbänden. Scientology verfügt daher über einen eigenen, weltweit agierenden Wirtschaftsverband mit dem Namen »World Institute of Scientology Enterprises« (WISE). Selbstverständlich kommt WISE in seiner Mitgliederstärke nicht an einen Großverband der mittelständischen Wirtschaft heran, aber, was klein beginnt, kann machtvoll enden.

WISE-Mitglieder verpflichten sich, die Managementtechniken von L. Ron Hubbard anzuwenden und zu verbreiten. Ziel von WISE ist es, Grundsätze von Scientology, insbesondere die fragwürdigen scientologischen Ethikprinzipien, sukzessive in die gesamte Geschäftswelt einzuführen. Auch hier steht ein Ziel im Vordergrund: die Expansion der Scientology Organisation. Schon früh hat WISE erkannt, dass die Besetzung von zentralen Schlüsselpositionen im Unternehmen, maßgeblich ist für die erfolgreiche Infiltration. Geschäftsführung und Direktion sind hervorragend geeignet, um scientologisches Gedankengut im Unternehmen umzusetzen. Aber auch Positionen der zweiten oder dritten Ebene können gute

Besetzen von Schlüsselpositionen

taktische Möglichkeiten bieten. Die Position des Personalchefs z. B. ist eine solche Schlüsselposition, denn der Personalverantwortliche ist der maßgebliche Entscheidungsträger bei der Bewerberauswahl. Auch Sekretärinnen erhalten die Kennung A. Sekretärinnen nehmen Einfluss auf die Termingestaltung und verfügen häufig über großes internes Wissen.

Übernahme-strategie Die Scientology Organisation versucht ihr Ziel subtil zu erreichen, nicht mit spektakulären Firmenübernahmen oder Aufkäufen. Das »Heuschreckenimage« möchte die Organisation auf gar keinen Fall erhalten und negative Presse soll durch den Gang durch die Hintertür vermieden werden. Wenn es gelungen ist, die Schlüsselpositionen eines Unternehmens mit Scientologen zu besetzen, werden zunächst Netzwerke geknüpft und Informationen gesammelt. Hat man Personalverantwortung inne, werden eigene Leute nachgeholt. Darüber hinaus wird versucht, ein scientologyfreundliches Beratungsunternehmen, das ebenfalls WISE-Mitglied ist, in der Firma zu etablieren. Nach und nach wird das Unternehmen unterwandert.

In der heutigen Zeit öffnet die weitverbreitete Unternehmenspraxis, ganze Abteilungen oder einzelne Dienstleistungen auszugliedern, scientologischen Unternehmen und möglichen Ausforschungen Tür und Tor. Coachings von Führungskräften beispielsweise bieten nicht nur einen hervorragenden Überblick, welche Beziehungen im Unternehmen gut und welche schlecht laufen (Schwachstellenanalyse), auch eine Persönlichkeitsanalyse des Einzelnen lässt sich aus Coachingsituationen bestens ableiten. In Coaching-Gesprächen geben Mitarbeiter häufig ausgesprochen Persönliches preis und zeigen in interaktiven Coachingsituationen mehr von sich, als ihnen lieb sein dürfte. So erkennt die Organisation schnell, ob es sich um eine »schwache oder starke« Mitarbeiterpersönlichkeit handelt, zielorientiert oder nicht, Fremdgänger oder nicht.

Dasselbe gilt selbstverständlich auch für noch nicht infiltrierte Unternehmen, in welche scientologisch ausgerichtete WISE-Unternehmen eingeschleust werden. Die Liste der möglichen Infiltrationswege ist dabei lang: Ob über Finanzcontrolling, IT, Sicherheit oder Coaching – in unserer offenen Unternehmenskultur gibt es viele Wege ins Unternehmen.

Krisen nutzen

Krisenzeiten sind für Scientology in vielerlei Hinsicht Gewinnerzeiten. Zum einen stellt die Krise, insbesondere die Weltwirtschaftskrise, das Aberrierte der nicht-scientologischen Welt dar. Die Krise dient gleichsam als Argument für neue, aber auch für alte Mitglieder: Alles ist schlecht und fehlgeleitet, nur die Organisation kann den Weg zum Richtigen weisen. Zum anderen sind krisengeschüttelte Unternehmen für die Scientology Organisation leichte Opfer. Unternehmen sind über jeden Verkauf ihrer angebotenen Güter froh und freuen sich über jede Kreditzusage ihrer Bank. Beratungsangebote werden ins Haus geholt, die ihnen genau das zu guten Konditio-

nen versprechen. Selten wird bei solchen Angeboten nach den Urhebern von erfolgsbringenden
Kommunikations- und Verkaufskursen gefragt.
Insofern sind dem WISE angehörige Unternehmen immer auf der Suche nach guten Unternehmen zum Schnäppchenpreis, und damit auf der
Suche nach Macht über weitere Menschen.

Straf- und Spitzelsystem Es werden nach der scientologischen Einnahme
des Unternehmens verschiedene Organisations-
maßnahmen erfolgen, um Inhalte von Scientology im Unternehmen zu etablieren. Eingeführt
werden, nach und nach, merkwürdig anmutende
Formen der Sanktionierung, wie ein Belohnungs-
und Strafsystem. In der Praxis sieht das so aus,
dass ein Beschäftigter mit schlechten Erfolgssta-
tistiken Strafarbeiten zu verrichten hat. Diese
können bei leitenden Mitarbeitern etwa Reini-
gungsarbeiten oder andere wenig qualifizierte
Aufgaben sein. Sollte danach keine Besserung
eintreten, kann der Mitarbeiter aus der Gruppe
ausgeschlossen werden. Kein Kollege darf fortan
mit dem Verstoßenen sprechen, oder ihn in
irgendeiner Weise kontaktieren. Wird die Arbeit,
nach Auffassung des Vorgesetzten, nunmehr besser erledigt, darf der Ausgeschlossene um die
Wiederaufnahme in die Gruppe bitten. Dazu
muss er in der Firma die Mehrheit der anderen
Beschäftigten ein Wiederaufnahmegesuch unter-
schreiben lassen. Erst danach wird der Mitarbeiter aus seiner Isolation befreit. Eine weitere
Schikane, die in einem scientologischen Unternehmen Einzug hält, ist ein Bespitzelungssystem:
In Form von Wissensberichten wird festgehalten,

wer was, zu welcher Zeit, wem gegenüber gesagt oder getan hat. Der Einzug von Scientology führt nicht nur zu einem angespannten Betriebsklima und unterbindet menschliche Kontakte, die Belobigungen und Bestrafungen nicht entsprechend handelnder Personen führen zur Zerstörung jeglicher vertrauensvoller Zusammenarbeit der Beschäftigten untereinander. Menschliche Beziehungen zerbrechen durch Ausspähung und Denunziantentum.

Ist ein Unternehmen endgültig in scientologischer Hand und wird Mitglied bei WISE, hat Scientology nicht nur den strategischen Vorteil eines neuen Multiplikators innerhalb der Wirtschaft, sondern verdient an diesem Unternehmen auch in Form von Lizenzgebühren, die die Firma an Scientology entrichten muss. Zudem werden Mitarbeiter gezwungen, Scientology-Kurse zu besuchen und sich auditieren zu lassen. Eine weitere Folge der WISE-Mitgliedschaft ist, dass bei Streitigkeiten zwischen zwei WISE-Unternehmen nicht die ordentlichen Gerichte angerufen werden: Zwischen WISE-Unternehmen gilt scientologisches Recht und damit auch die scientologische Gerichtsbarkeit. Hierfür hält die Organisation sog. »WISE Charter Komitees« bereit, die eine oberste Entscheidungsinstitution sein sollen. Anfallende Gebühren und gegebenenfalls Strafzahlungen werden selbstverständlich an die Organisation entrichtet.

Scientologisches Recht

Aber selbst wenn es Scientology nicht auf Anhieb gelingen sollte, in dem auserkorenen, um-

Gefährliche Wissensberichte

satzstarken und damit für die Expansion interessanten Unternehmen in Schlüsselpositionen Fuß zu fassen, kann auch die Besetzung eines weniger exponierten Postens mit einem Scientologen gefährlich sein. Scientologen müssen sich, um auf der »Brücke zur Freiheit« weiter vorwärts zu kommen, auditieren lassen. Dem Auditor werden Schwierigkeiten im Berufsleben, ob menschlich oder im Zusammenhang mit Behörden oder anderen Unternehmen, offenbart. Vertrauliche Unternehmensinformationen gelangen so in die Wissensberichte des Auditors. Insofern sind Betriebsgeheimnisse nicht mehr umfassend geschützt. Informationen sind Daten und werden von der Organisation in Hülle und Fülle gespeichert. Jederzeit abrufbar, können sie sich auch als »Waffe in Übernahmeschlachten« erweisen. Alleine die Möglichkeit der Nutzung umfangreicher Datenmengen sollte in diesem Zusammenhang nachdenklich stimmen.

Unternehmen Scientology

»Make Money. Make more Money« ist wohl eines der bekanntesten Zitate im Zusammenhang mit Scientology. Die Organisation stellt selbst ein straff organisiertes Wirtschaftsunternehmen auf dem Markt der Lebensbewältigungshilfen dar. Gewinnmaximierung ist das oberste Gebot, die Mitarbeiter sind Maschinen, die im Sinne des großen Ganzen funktionieren müssen. Arbeitskräfte sind bei Scientology billig, sie bekommen eine Bezahlung, die eher einer Aufwandsentschädigung gleicht und oftmals unterhalb der 400 Euro-Grenze bleibt. Rein fiktiv haben Scientology-Mitarbeiter Traumverdienste, denn bei ih-

nen erfolgt die Verrechnung Arbeitslohn – Kurs-
gebühr, Bücher, etc. Durch den geldwerten Vorteil
der Arbeitsleistung der Mitarbeiter ist Scientology in der Lage, ihre Verkaufsaktivitäten extrem
kostengünstig durchzuführen.

Schutz und Hilfe

Kann ich Scientology erkennen?

Anzeichen und Vorsichtsmaßnahmen

Der beste Schutz vor Scientology ist natürlich, den Kontakt mit dieser Organisation zu meiden. Wenngleich dies einfach klingt, geraten dennoch immer wieder Menschen ins Netz von Scientology. Viele glauben, nach ein oder zwei absolvierten Kursen jederzeit aussteigen zu können; damit unterschätzen sie jedoch das gefährliche Abhängigkeitspotenzial der Organisation. Es ist daher unbedingt zu raten, sich in keiner Weise auf Scientology einzulassen. Da Scientology weiß, dass durch die verstärkte Aufklärung verschiedener Institutionen der Vorbehalt in der Bevölkerung sehr groß ist, versucht die Organsation inzwischen aber auch auf sehr subtile Weise, Menschen als Kunden für ihr System zu gewinnen.

Scientology kann uns überall begegnen: als Nachhilfe- und Hausaufgabenbetreuungsorganisation, als Hilfsverein für Kinder mit ADHS oder

Hinweise auf Scientology

auch im Wirtschaftsleben, wenn Unternehmer oder Mitarbeiter mit Entscheidungsverantwortung darüber befinden müssen, welches Beratungsunternehmen sie beauftragen. Man muss sich dabei nicht täglich mit dem Modus Operandi dieser Organisation beschäftigen, um Auffälligkeiten erkennen zu können, die auf einen scientologischen Hintergrund schließen lassen.

Informationen einholen Zunächst ist es ratsam, Informationen zu sammeln, sich also Firmenunterlagen, Prospekte, Schulungsmaterialien, etc. aushändigen zu lassen, um einen möglichst guten Überblick über die Aktivitäten und Hintergründe von Institutionen und Personen zu bekommen. Eine Internetrecherche kann als zusätzliche Informationsquelle ebenso hilfreich sein. Liegen sämtliche Unterlagen vor, kann darin zunächst nach offensichtlichen Anhaltspunkten für einen scientologischen Hintergrund gesucht werden. Dazu muss man wissen, dass Scientology über ein strenges Lizenznehmerabkommen mit seinen Unterorganisationen weltweit verfügt. Die Rechte an allen scientologischen Kursen, Schriften, etc. liegen grundsätzlich in den USA beim RTC (Religious Technology Center) oder der CSI (Church of Scientology International). Werden scientologische Inhalte irgendwo auf der Welt verwendet, besteht die Pflicht, sie mit einem Copyright zu versehen, das wiederum Rückschlüsse auf Scientology zulässt. So können solche Materialien beispielsweise LRH für L. Ron Hubbard, Dianetics, HCAI (Hubbard College of Administration International), WISE (World Institute of Scientology

Enterprises) oder ähnliche Copyrighthinweise enthalten. Eine Hilfe bei der Beurteilung bietet das Glossar am Ende dieses Buchs, in dem die bekanntesten scientologischen Lizenzgeber aufgeführt sind.

Ein sicheres Merkmal für einen scientologischen Hintergrund liegt auch vor, wenn ein Druckerzeugnis oder eine DVD in den zu Scientology gehörenden Verlagen, New Era oder Golden Era Verlag, erschienen ist.

Verlage

Darüber hinaus enthalten Unterlagen sehr häufig scientologisches Vokabular. So löst Scientology nach seiner Didaktik Probleme nicht, sondern »handhabt« sie, Gegner der Organisation werden »Suppressive Persons« (SP) oder »Unterdrücker« genannt, Scientology behauptet gerne von sich, die einzige richtige »Tech« zu haben. Häufig wird auch L. Ron Hubbard zitiert.

Sprache

Insbesondere bei Inanspruchnahme von Coaching und Personalberatung, sollten die Methoden des Gegenübers genau überprüft werden. Scientology verwendet als Einstieg hier ebenfalls häufig die Oxford Capacity Analysis, den auch als »Stresstest« bezeichneten scientologischen Persönlichkeitstest. Es ist immer sinnvoll, einen Anbieter zu fragen, ob Seminar- oder auch Coaching-Inhalte Eigenentwicklungen sind und wenn nicht, ob es zu der angewandten Methode Primärliteratur gibt. So kann den Angeboten auf den Grund gegangen und letztendlich beurteilt werden, wer sich wirklich hinter dem Anbieter

Methoden

verbirgt. Da die Größe des Beratungsunternehmens keine Sicherheit gibt, sollte man sich immer mit den Inhalten auseinandersetzen und diese in Ruhe prüfen. Werden im Rahmen einer Beratung Tests durchgeführt, empfiehlt sich die Nachfrage, ob diese selbst ausgewertet werden oder wer ansonsten diese Auswertung vornimmt. Es ist durchaus möglich, dass Scientology diese Auswertung für den Anbieter durchführt und somit ohne Wissen und Dazutun der betroffenen Person Daten und Fakten übermittelt bekommt.

WISE-Mitglieder Auch im Rahmen der Pflege von Firmenkontakten im Bereich Business zu Business, gibt es verschiedene Anhaltspunkte, die auf die Nähe zu Scientology hindeuten. So werden in Unternehmen, die Mitglieder im scientologischen Unternehmerverband WISE (World Institute of Scientology Enterprises) sind, häufig sämtliche scientologischen Strukturen einer Org übernommen, sei es auch noch so absurd. Ein Kleinstunternehmen, das lediglich aus drei Mitarbeitern besteht, verfügt gleichwohl über die von Scientology im sog. »OrgBoard« (Organigramm) vorgeschriebenen sechs Abteilungen.

Ethik Aber auch andere scientologische Praktiken halten nach und nach Einzug in ein solches Unternehmen, wie die scientologische Ethik: Dazu gehören das Erstellen von Wissensberichten, das Verhängen von Strafarbeiten bei schlechten Leistungen, der Ausschluss aus der »Gruppe« bei abwärts zeigenden Statistiken, das Sammeln von

Unterschriften für die Wiedereingliederung in die Gruppe, sowie die Verpflichtung, scientologische Managementgrundlagen zu »studieren«.

Darüber hinaus gibt es noch zwei weitere Anzeichen, die für einen scientologischen Hintergrund sprechen können: Scientology pflegt ein pauschales Feindbild gegen Psychologen und die Psychiatrie und propagiert diese Abneigung vehement. Und: Donnerstag ist bei Scientology Statistiktag. Jedes noch so kleine scientologisch geführte Unternehmen wird den Donnerstag als Statistiktag vorbehalten. Das soll nicht heißen, dass alle Unternehmen, die Donnerstags Statistiken erstellen, scientologisch sind, aber vielleicht ist es ein Puzzleteil, das zusammengefügt mit anderen, doch ein Ganzes gibt.

Statistiktag

Viele Unternehmen sind in der letzten Zeit dazu übergegangen, nach fachanwaltlicher Beratung bei der Einstellung von Führungskräften eine sog. »Schutzerklärung« unterzeichnen zu lassen, worin diese erklären, die Technologie von L. Ron Hubbard nicht anzuwenden. Auch wird bei der Vergabe öffentlicher Aufträge über Beratungs- und Schulungsleistungen in vielen Bundesländern und im Bereich der Bundesverwaltung zur Abwehr von scientologischer Einflussnahme eine Schutzerklärung gefordert. Darin sichern Auftragnehmer zu, dass die zur Erfüllung des Auftrages eingesetzten Personen nicht die »Technologie von L. Ron Hubbard« anwenden, lehren oder in sonstiger Weise verbreiten. Eine derartige Schutzerklärung wird allgemein als ein sehr

Schutzerklärung

profaner, aber durchaus wirksamer Schutz vor einer Unterwanderung durch Scientology angesehen. Die wichtigste Zielrichtung der Organisation, die weltweite Expansion voranzutreiben, wird hierdurch jedenfalls wirksam unterlaufen.

Wer hilft Aussteigern?

Anlaufstellen für Betroffene und Angehörige

Für Menschen, die konkrete Beratung zur Scientology-Organisation suchen oder aus Scientology aussteigen möchten, gibt es in Deutschland verschiedene Anlaufstellen. So halten Kirchen durch ihre Sektenberatungsstellen, die bei der örtlichen Kirchenverwaltung zu erfragen sind, ein Beratungs- und Hilfsangebot vor. Aber auch von staatlicher Seite werden diverse Hilfseinrichtungen entweder selbst unterhalten oder gefördert. Für das Land Nordrhein-Westfalen sei hier die Sekten-Info Essen genannt, die kompetente Unterstützung sowie Beratung zu Scientology anbietet. Für alle Fragen, die die Themen Sicherheit oder Wirtschaftsschutz in Zusammenhang mit Scientology betreffen, stehen die Verfassungsschutzbehörden als Ansprechpartner zur Verfügung.

Anhang

Glossar der wichtigsten scientologischen Begriffe

Dieses Glossar versteht sich als Hilfe, um die zur Scientology-Organisation gehörenden Neben- und Tarnorganisationen, sowie wichtige scientologische Begriffe nachschlagen zu können. Das Glossar erhebt keinen Anspruch auf Vollständigkeit.

Aberration/ aberriert: Nicht scientologischen Vorstellungen entsprechend

ABLE: Association of better living and education (Dachverband für Aktivitäten im sozialen Bereich)

Applied Scholastics: Nachhilfeorganisation

ARK: Affinität, Realität, Kommunikation (Begriffe des Verstehens)

Assist: »Berührungsbeistand« (Heilen durch Handauflegen)

Attestieren: Bescheinigung eines Kursabschlusses am E-Meter

AO: Advanced Organisation (Fortgeschrittenen-Organisation, z.B. in Kopenhagen, Saint Hill)

AOSH: Bietet Kurse bis OT III an

Auditing: Psychotechnisches Verfahren zur Veränderung des Menschen

Bank: Reaktiver Verstand

Brücke zur völligen Freiheit: Summe aller Kurse bis OT VIII

CCHR: Citicens commission of human rights, Scientologischer Dachverband für die Verfolgung von Menschenrechtsverstößen der Psychiatrie (vgl. KVPM)

Celebrity Center: Offizielle Niederlassung, die insbesondere »VIP's« betreuen soll

Check-sheet: Aufgabenbeschreibung in einem Kurs

Clear: Kursstufe, Clear soll frei sein von körperlichen und geistigen Beeinträchtigungen

CLO: Continental Liaison Office (Kontinentales Verbindungsbüro)

Criminon: Organisation zur Rehabilitation von Kriminellen

CS: Case Supervisor, Fallüberwacher (Posten in der Organisation)

CSI: Church of Scientology International

Dianetik: Ideologisches Grundlagenwerk

Dynamik: Überlebensdrang, es gibt insgesamt acht Dynamiken

Emotionsskala: Tabelle mit Emotionen, die den Wert eines Menschen bestimmen

Elektrometer/E-Meter: Primitiver Lügendetektor, misst Hautwiderstände

Engramm: Negativerlebnis, das im reaktiven Verstand gespeichert ist

Ethik: Grundordnung mit totalitären Elementen

Flag: Größte Niederlassung in den USA. Die

höchsten Kursstufen können nur dort belegt werden

Flunk: Fehler bei einer Kursübung

FSM: Field Staff Member (Freier Mitarbeiter)

FSO: Flag Service Organisation (Dienstleistungsorganisation)

Gemeinsam für Menschenrechte: Bewegung für Menschenrechte

Golden Era: Verlag

HCO: Hubbard Communication Office (Organisationseinheit)

HCO PL: Policy (Richtlinienanweisung) des HCO

Hut: Stellenbeschreibung einer Mitarbeiterstelle

IAS: International Association Of Scientologists (Mitgliedervereinigung)

IHELP: International Hubbard Ecclesiastic League of Pastors (Zusammenschluss von Auditoren außerhalb der Niederlassungen)

Jugend für Menschenrechte: Jugendorganisation

Konfrontieren: Fähigkeit, sich mit etwas auseinanderzusetzen

KVPM: Kommission für Verstöße der Psychiatrie gegen Menschenrechte

Mest: Matter, Energy, Space, Time (Materie, Energie, Zeit, Raum), physisches Universum

Narconon: Organisation die sich mit Drogenrehabilitation beschäftigt

NED: New Era Dianetics (Dianetik der neuen Ära)

New Era: Verlag

NOTs: Dianetik der neuen Ära für Operierende Thetane

Org: Organisation, offizielle Niederlassung

OSA: Office of Special Affairs, Geheimdienst und Presseorgan

OT: Operierender Thetan, Ausbildungsstufen nach Clear

Overt: schädliche Handlung

PC: Preclear (Zustand bevor ein Mensch die Ausbildungsstufe Clear erreicht)

Postulat: Entschluss

PTS: Potential Trouble Source (Potentielle Schwierigkeitsquelle; schwierige Person)

RTC: Religious Technology Center

Sag Nein zu Drogen – Sag Ja zum Leben: Anti-Drogen-Kampagne

Sea Org: Eliteorganisation

SP: Suppressive Person (Unterdrückerische Person)

Tech: Technologie (gesamte Schriftwerke und Anweisungen)

Thetan: Geisteswesen

Youth for Human Rights: Mutterorganisation der Jugend für Menschenrechte

Way to happiness foundation: Unterorganisation der Scientology

WISE: World Institute of Scientology Enterprises (Wirtschaftsverband)

Withhold: Verschweigen eines Problems

Ziel: Zentrum für individuelles Lernen

Bildnachweise

S. 17: picture/alliance/maxppp
S. 26, 43, 59, 103: dpa/picture-alliance
S. 55, 91: Archiv des Autors

Literaturangaben &
verwendete Literatur

[1] BVerfG, Beschluss vom 05.02.1991 – 2 BvR
63/86, NJW 1991, S. 2623 f.

[2] EGMR, Urteil vom 05.04.2007 – 18147/02,
NJW 2008, S. 495

[3] Oberverwaltungsgericht Münster Urteil vom
12.02.2008, 5 A 130/05

[4] BAG, Beschluss vom 22.03.1995, 5 AZB 21/94,
NZA 1995, S. 823, 827 ff.

[5] L. Ron Hubbard, »Haben Sie geholfen?« in
»Der Auditor« Nr. 9, 1965

[6] L. Ron Hubbard, »Dianetik. Der Leitfaden für
den menschlichen Verstand«, Kopenhagen
2007, S. 318

[7] John B. Watson, Behaviorism, Frankfurt a.
Main, 2000 [1930], S. 82

[8] »Der Organisationsführungskurs« In: L. Ron
Hubbard, Richtlinienbrief »Indikatoren von
Orgs« Kopenhagen 1999, S. 672 ff.

[9] L. Ron Hubbard, Richtlinienbrief Nr. 1 der Se-
rie »Die Funktionsfähigkeit der Scientology er-

halten.« In: »Wie man Unterdrückung kon-
frontiert und zerschlägt, PTS/SP-Kurs«, Kopenhagen 2001, S. 1 ff.

[10] L. Ron Hubbard: Dianetik – Ein Leitfaden für
den menschlichen Verstand, 2007, S. 372

[11] International Scientology News, Ausgabe 20,
2002, S. 7 f.

– Landesamt für Verfassungsschutz Baden-
Württemberg (Hg.): Die »Scientology-Organi-
sation« (SO), 2008
– Bayrisches Staatsministerium des Innern
(Hg.): Das System Scientology, April 1998
– Bayrisches Staatsministerium des Innern
(Hg.): Scientology – eine verfassungsfeindli-
che Bestrebung
– Bundesverwaltungsamt Köln im Auftrag des
Bundesministeriums für Familie, Senioren,
Frauen und Jugend (Hg.): Die Scientology-Or-
ganisation – Gefahren, Ziele und Praktiken -
1996
– Ministerium für Arbeit, Gesundheit und Sozia-
les des Landes Nordrhein-Westfalen (Hg.):
Die Scientology-Organisation, Methoden und
Struktur, Rechtsprechung, gesellschaftliche
Auseinandersetzung 1997
– Verfassungsschutzberichte des Bundes und
der Länder 1998 bis 2009
– Sekten Info NRW (Hg.): Jahresbericht 2006, S.
14 -18
– Behörde für Inneres Landesamt für Verfas-
sungsschutz, Freie und Hansestadt Hamburg
(Hg.): Der Geheimdienst der Scientology-Orga-

nisation. Grundlagen, Aufgaben, Strukturen, Methoden und Ziele., 1998

– Innenministerium des Landes Nordrhein-Westfalen (Hg.): Scientology – eine Gefahr für die Demokratie. Eine Aufgabe für den Verfassungsschutz?, 1996
– Landesamt für Verfassungsschutz Baden-Württemberg (Hg.): Der Kampf der »Scientology-Organisation« um die Anerkennung der Gemeinnützigkeit in den USA und seine Auswirkungen auf Deutschland., 2004
– Oberverwaltungsgericht Münster: Urteil vom 12. Februar 2008 - Az. 5A 130/05 -
– Bundesarbeitsgericht: Religionsgemeinschaftseigenschaft von Scientology, Beschluss vom 22.03.1995. Az.: 5 AZB 21/94. In: Neue Juristische Wochenschrift (NJW) 1996, S. 143–152.